节令之美

中国人的节日与节气

高巍 郝卫民——主编

中国工人出版社

图书在版编目（CIP）数据

节令之美：中国人的节日与节气 / 高巍，郝卫民主编. —北京：中国工人出版社，2021.12

ISBN 978-7-5008-7765-3

Ⅰ. ①节… Ⅱ. ①高… ②郝… Ⅲ. ①节日－风俗习惯－中国－通俗读物 ②二十四节气－风俗习惯－中国－通俗读物 Ⅳ. ①K892.1-49②P462-49

中国版本图书馆CIP数据核字（2021）第236385号

节令之美：中国人的节日与节气

出版人 王娇萍
责任编辑 葛忠雨
责任印制 黄　丽
出版发行 中国工人出版社
地　　址 北京市东城区鼓楼外大街45号　邮编：100120
网　　址 http：//www.wp-china.com
电　　话 （010）62005043（总编室）（010）62005039（印制管理中心）
（010）62379038（社科文艺分社）
发行热线 （010）82029051　62383056
经　　销 各地书店
印　　刷 三河市东方印刷有限公司
开　　本 710毫米×1000毫米　1/16
印　　张 15.5
字　　数 232千字
版　　次 2022年1月第1版　2022年11月第2次印刷
定　　价 88.00元

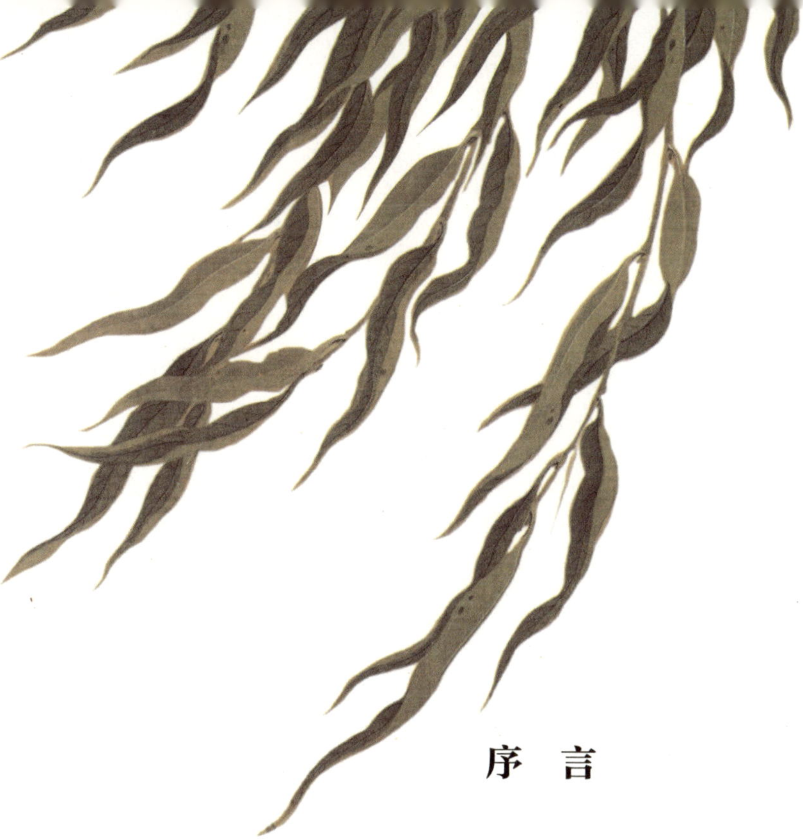

序 言

经过一年时间的编写，在2021年底，《节令之美：中国人的节日与节气》一书终于与读者见面了。这是一部在生活中了解和体验节气文化的尝试之作。

节气文化是中华民族在实践中总结的生产生活经验，是对自然变化规律的把握，凝聚了世代中国人的智慧。它自诞生以来，不仅有效地指导了农业生产，而且对中华民族的物质和精神生活都产生了广泛深远的影响。

2016年，中国的二十四节气被评为世界文化遗产。这体现了国际社会对我们民族优秀传统的认可和赞誉，但同时，这也是一种新的要求，即我们应该怎样保护这一非物质文化遗产，尤其是在新时代，我们如何将这一文化弘扬光大。毕竟，社会变革使得节气文化的存在环境已然发生了很大变化，传承和发展的任务严峻而迫切。

这就要求对其宣传从观念、范围、方法等方面都要有所创新。仅从天文、农耕角度进行介绍已远远不够，需要将节气文化与百姓生活紧密结合，揭示节气文化在物质、精神层面的实际价值，感受节气文化的魅力。

这也正是编写这本书的出发点和落脚点，希望得到广大读者的理解和支持。

一、什么是二十四节气，它是怎样形成的

气，气候。以年为单位不断轮回，体现为春、夏、秋、冬四个季节。

节，就是气候变化过程中的节点。四季，是气候变化的大致说法。具体到每一个季节由何时开始，何时结束；在每个季节的发展过程中，都会发生怎样的变化；这些变化有哪些特点、表现形式，体现了怎样的规律性等。这些正是节气本身要解决的问题。所以说，节气就是气候变化的节点。古人把每个季节分为六个节气，一年有四季，便是二十四节气。节气，可用以表现气候变化的规律及过程。

我国古代劳动人民在长期观察探索后，于生产实践中总结了一套关于农事活动、物象、气象和天象的方法，这套方法反映了不同季节的天文、季节、气候等活动规律和特征，是中国劳动人民的智慧结晶。

中国在历史上长期是一个农业国家，农耕文化不光体现为一种生活方式，而且也制约了人们的生活方式和思维方式，体现在饮食起居、民族性格、思维习惯等多个方面。

古人在日常观察中发现，一年当中，白天和黑夜的时间并非永远是各占一半，而是有时白昼长，黑夜短，有时则相反。其中，有一天白昼最长，黑夜最短，相应有一天白昼最短，黑夜最长，由此发现了夏至与冬至。

在这一转换过程中，必然形成昼夜各占一半的一天。这就是春分和秋分，区别在于春分这个昼夜平分点过后，白天越来越长；而秋分这个昼夜平分点之后，夜晚越来越长。

古人认为，这正是阳气和阴气各自处于上升阶段的体现，这一原因最终形成了四季的变化。这种变化，每轮回一次称为一年。这说明，先人是从天时来观察自然的变化规律。这一规律必然影响到农事活动，并形成了最初的“物候历”。在6000多年前的黄帝时代，较早的古历书《夏小正》，就记载了每月的农事、物候、习俗、气象和天象等方面的详细内容。

春秋时代完成的《吕氏春秋》，发展了通过物候来掌握节气、气候的方法，找出了星象和节气变化的规律。

西周时，民间发明了“土圭”——一种通过测量太阳影子，以确立春分、秋分、夏至、冬至四个节气的准确日期的计时仪器。随后，“四立”——立春、立夏、立秋、立冬——作为四季的开始，也相继确立。《吕氏春秋·十二纪》中，详细介绍了这八个节气，及其所引起的天文、物候的现象。

节气的初步形成，有利于农业生产，并最终推动了节气文化的定型。秦朝以后，随着黄河中下游地区的发展，根据本区域历年气候物候以及农业生产的规律特点，补充确立了其余十六个节气，终于形成了完整的二十四节气，并于西汉时期被完整记录在《淮南子》一书中。

中国的二十四节气，萌芽于远古时期的农业生产，形成于春秋战国，最后在汉代定型并影响至今。

二、节气文化有什么价值

二十四节气从最初产生至现在，已然过去了五六千年，其间沧海桑田，斗转星移，时至今日，二十四节气还发挥着重要作用。

首先，人类赖以生存的重要物质基础依然是农业生产。虽然现代科技已能通过动物基因，工厂化生产食用类动物，而不再依赖养殖业，农业生产也由大机器代替了人工作业。然而，这些科技进步的成果能够直接应用于生产，并且普及推广，毕竟需要时日，而非短期内可以实现。

所以，靠天吃饭的传统农业生产方式，仍然会较长时间地存在下去。那种春种夏长、秋收冬藏的传统定将沿袭。老辈人传下来的农谚，如“清明前后，种瓜点豆”“白霞早，霜降迟，寒霞正当时”等，这些关于农业生产的农谚仍然有用。古人依照二十四节气的规律来安排自己的生产生活，这是在主动地适应自然的行为。

今年重阳节过后，一位来自农村的朋友提醒我说，重阳不下雨，九月十三之前必下雨，否则影响新种的冬小麦固根，进而影响明春的冬小麦长势，所以农民都盼望这场秋雨。因为去年是重阳节当天下的雨，所以，今年重阳节过后没几天，雨果然下了起来，与老人的判断差不多。

其次，了解二十四节气，不光有利于农业生产，也有利于生活起居。

如果说人是大自然的产物，源于大自然的话，那么大自然由春至冬，无休无止地律动，也必然会影响到人类的生活。对此，人类是对自然怀着敬畏与感恩之心，去了解自然、尊重自然、顺从自然，还是一味地想着“人定胜天”，盲目地认为“我老大，天老二”，不尊重自然规律，向大自然挑衅，所获得的结果会迥然不同。有智慧的人往往会选择前者，因为只有这样才能让自己受益，否则就会失去自然的馈赠，甚至遭到自然的惩罚，付出生命的代价。

类似的例子不计其数，打比方来说，夏季的晌午，我们偶尔吃些冷饭，问题不大，但是立秋后还这么做的话，就难免引起肠胃不适。这是因为夏季的阳气盛，冷食对肠胃的影响不是很大；而立秋之后，阳气开始下降，且越来越快，此时再食冷食，人体会比夏季付出更多的热量来调剂，必然会过多消耗阳气，而用于肠胃消化的能量过多，必然影响身体的健康。

同样的道理还体现在起居、运动等各个领域。比如同样是睡觉，夏天与冬天的讲究就不尽相同。夏天讲究早起、晚睡，而冬天则讲究早睡、晚起。同样是睡眠，不同的要求与节气有什么关系呢？其实很简单，就是要求起居紧随太阳升落的变化。冬天太阳落山早，升起迟，如果晚睡早起，就必然过多地消耗阳气，影响身体健康。了解了这一现象，人们自觉地与之相适应，才会有利于身体健康。

为此，前人总结了不少谚语、俗语，正是这些经验的生动体现。

最后，二十四节气滋养了我们的民族精神。以上从两个方面分析了节气对人类生产生活的影响，这些影响大多作用于物质层面。其实二十四节气对人类的影响并不仅限于物质层面，它对中华民族的精神也产生了广泛深入的影响。

《周易》的第一卦为乾卦，讲的是世上万物的生长规律，推崇主观努力，强调自强不息，把它赞誉为唯上天才有的一种美德。所以《周易·大象传》引导人类，也要效仿天体运行的这一美德，健行不已，自强不息。

《周易》的开篇，就是要教诲人类，想要不断获得成功，就要不断进取。要以此作为处世的第一大原则，同时这也是上天的第一大美德，是先民在长期的实践当中，通过观察天象变化，发现了其中的规律，进而概括提炼出来的。

无疑，自强不息的美德已被划为中华民族的一种精神品质，鼓舞着世世代代的中国人在不断的开拓中，为自己获得生存和发展的机会。

二十四节气的轮回无止无休，因为每年都有春、夏、秋、冬四季。几千年的这种春种秋收，让我们感悟到了因果的轮回。

拿人类繁衍来说，前人是种子，后人是果实，这就是因果。由此，后人应该感恩前人，犹如果实对种子的感恩，慎终追远，中华民族这一优良传统，正好是对这种感情的最好诠释。

以上这些理念，来自先人对节气变化规律的感悟，具有客观权威性，不以人的主观意志为转移，由此，培育起世代中国人对大自然（主要代表就是天）的敬畏和感恩。在此，天就代表大自然，表现为天时。

天时是实现人类理想追求的主要外部环境，同时，天时也是人世间情感的集中表达和权威体现。所以古人认为天时、地利、人和这三大因素缺一不可。诸葛亮借东风成功，也是因为把握住了天时。

与天时相符，人事才有可能成功，这一理念还影响到了先人处理人际关系方面。他们认为需要去主动适应，而不能过于自我，要换位思考。而且人具有主动性，所以主动处理好人际关系，最终还能影响到天时。所以古人有言，“天时不如地利，地利不如人和”，这正是中华文化的核心——“和”得以产生的基础。

至此，二十四节气的影响已由物质层面上升到了精神层面，影响了民族的思想，以及民族精神的形成。

三、本书有哪些特点

本书并非理论读本，未涉及天文学、民俗学、健康学等方面系统的介绍。这一方面是因为作者的学识有限，另一方面更源于一种基本见解，二十四节气的本质是一门实践之学，源于实践，服务实践，而不是飘浮在空中的云朵。

因此，关于二十四节气的知识，本书仅仅是简单的介绍，不做过多的阐释。

相反，对于节气的影响，比如物质、饮食、起居等生活细节，则安排了一定的篇幅。也许这是本书区别于其他同类图书的一个显著特点。

本书包含这样几个部分：

第一部分，节气的内容介绍，将二十四节气由立春到大寒一一道来；

第二部分，挑选一些描写节气、感悟节气的古诗和歌谣，令读者艺术地感受节气文化；

第三部分，为适应不同节气，民间应时的节气饮食；

第四部分，是本书下力气最大的部分，介绍了在不同节气里，适合人们参与体验的手工艺制作都有哪些。这不仅有利于深入了解节气文化，而且有利于发挥参与者的想象力和动手能力，挖掘其艺术创作的潜能；

第五部分，节气变化对人们日常起居的影响，以及需要采取的相应措施。本部分还选取了24首八角鼓的唱词，反映了老北京人对节气变化的观察和体会。这部分内容由研究八角鼓的伊增勋先生提供。伊先生知道我对二十四节气有兴趣，而他本人又对鼓曲内容熟悉，所以主动提供给笔者，希望能够对我有所帮助。一晃快二十年前的事了，伊老早已过了耄耋之年，顺祝伊老健康长寿。

本书的作用在于实用，不仅可以用于实际生活，亦可作为教学参考，用于组织节日、节庆活动时。

本书之所以拥有如此广泛的适用范围，主要得益于参与编写者的广泛。这其中，有多年从事节庆（日）文化研究的学者，也有诸多“非遗”类民间手工艺的代表性传承人，以及多年在食品生产、制作一线的技术人员。

作为这本书的主编，本人常年在北京电视台的《北京您早》和《特别关注》栏目介绍节气习俗，已坚持了十二年，具有较丰富的经验。同时，还研读了大量关于节气、节日以及北京历史文化的资料，撰写了百篇以上的相关文章，对这方面内容形成了自己的专业体系。

正是因为有了这些前期准备，所以本书着手编写之际，作为主编单位的北京市朝阳区芳草地国际学校教育辅助中心，与我一拍即合，提供了学习、锻炼的难得机会。

中心的领导、同人付出了很多辛苦，也给予了我个人多方面的帮助，所以说，本书是集体合作的成果，凝聚了大家的智慧和心血。

俗话说："天时不如地利，地利不如人和。"在本书的编写和出版的过程中，这三方面的优势都赶上了，应该对广大读者有所裨益。

还应感谢中国工人出版社的葛忠雨主任和李骁编辑，是他们的慧眼和诚意，促成了本书的出版。

高　巍
岁次已亥重阳节于京东CBD

夏日

目录

暖春

寒冬

冷秋

本草圖譜

暖春

立春

底处春来早
依依傍日华

说

立春为二十四节气之首，是一年中的第一个节气。

立，意为建立，春天由此开始。

此时也许还在数九寒天，然而料峭中，刮来的风变得不再那么如刀般刺骨，怒吼中已含有微微的温柔，由此，人们明显感到了“春姑娘”那轻盈的舞步。

“春”字为上下结构。下面的“日”字，象征日渐上升的暖气，因此才有了后面的节气惊蛰，冬眠中的虫子逐渐醒来。

“春”字上面的三横，象征着厚厚的土层，上升的阳气若想冲破这厚厚的土层，还需要极大的勇气和不懈的努力。好在天时已来帮助，在厚厚的土层上辟开一条大缝，以利于阳气的迅速崛起。

可见，只要自己不断努力，冬天都会被感动，出手来辅佐你。

这将是寓意多么美好的一幅场景！它激励着人们去迎接春天，欢度春天。

南宋诗人张栻沐浴在立春的天气里，由衷地感叹道：“律回岁晚冰霜少，春到人间草木知。便觉眼前生意满，东风吹水绿参差。”立春是新一轮节律的开始，立春节气在年前，故而又有“岁晚”之称。

清　姚文瀚　岁朝欢庆图

開韶慶佳
節合宅樂
團圓夫婦
同堂洽兒
孫繞膝妍
華燈燦樓
表吉爆響
階前瓊萼
南枝報春
光宇宙延
御題姚文瀚歲朝歡
慶圖
臣趙秉沖奉
敕敬書

陈树人　岭南春色

"阳舒而渐暖，草木敷荣，万物回春，皆含生机。"和煦的微风轻轻吹拂在冰雪渐融的水面，日光荡漾，春意盎然，让人充满希望的季节开始了。

我们的祖先为了隆重庆祝立春的到来，特别设立了一个节日——春节。起初，春节叫新年，迎接新一年的到来。民国后改为公元纪年，据说1949年以后正式定名为春节，是春天里的重要节日。春节的主题是辞旧迎新，具有庆祝丰收、感恩他人、休养生息的意义。

立春时节，北方农村开始了春耕准备，南方已经开始播种早稻。

民间则以"咬春"和"吃春饼"的习俗来迎接春天的到来。

咬春，主要是咬食生萝卜、生菜以振奋精神；春饼是将葱、甜面酱涂在面饼上，再将切好的肉丝、炒鸡蛋、熟菜、黄花菜、豆芽等码在面饼上，卷起面饼咬食，取生发、强壮之意。

唱

八角鼓——《腊尽春归》

腊尽春归，斗柄寅回，金乌玉兔两相催，春夏秋冬四季相随。〔过板〕
光阴似箭疾如流水，除夕一到辞〔卧牛〕辞旧岁，
正是一年春为首，果然梅占百花魁。

儿歌——《春天到》

春天到，百鸟叫，
草儿绿，花儿笑，
蝴蝶双双飞，青蛙呱呱叫，
娃娃张大嘴，歌唱春来了。

春天是一个美好的季节。冬天过去了，天气转暖，草绿了，花开了，小动物们也都出来了，到处都生机勃勃。

诗词——《咏柳》

［唐］贺知章

碧玉妆成一树高，
万条垂下绿丝绦。
不知细叶谁裁出，
二月春风似剪刀。

诗意：碧绿的柳树如同一棵玉树，柳条垂下来就像丝带一样，这树仿佛是春风剪裁而成的。

早春二月，正赶上惊蛰、春分节气。此时气温迅速回升，大部分地区已是一派融融春光，新柳也吐出嫩黄的玉芽。

吃

立春吃春饼

立春是二十四节气的伊始，也是春天开始的标志。民间有在这一天吃春饼的习俗，春饼佐以豆芽、青丝、蒜黄、鸡蛋以体现生发之意，象征春天的勃勃生机。

春饼制法简单，先用热水和面，醒面后，将面团挤出面剂子，按扁，再在两个“面剂儿”中间抹些油，合上，擀平如碗口大小，上铛烙熟即可。

春饼要配炒合菜吃。

所谓合菜，就是把猪瘦肉切成细丝，干粉丝用温水泡软。炒锅上火，油热后，放猪肉丝及葱丝、姜丝等作料煸炒，再加料酒、酱油及少量高汤（或水），汤沸后放入泡好的粉丝，待粉丝熟软后放入切好的寸段菠菜、青韭、豆芽菜、蒜黄等，随之放入盐、味精，即刻端下，动作要快，以免鲜菜过火。要保持菜的新鲜脆嫩，才是真正的合菜。

老北京人吃饼有讲究。先将春饼一分为二，抹上用香油调好的甜面酱，配上羊角葱，夹上各种熟肉冷荤、合菜，卷成圆筒状手托面饼食用。过去有钱人家吃冷荤一般都要去“盒子铺”（即熟肉食品店）订做或购买，称“订个盒子”或“叫个盒子”。盒子铺也实行送货上门，像当年有名的“天福号”等盒子铺，就专门供应酱肘、酱肉、小肚、香肠、叉烧肉、大肚、熏鸡等熟食。

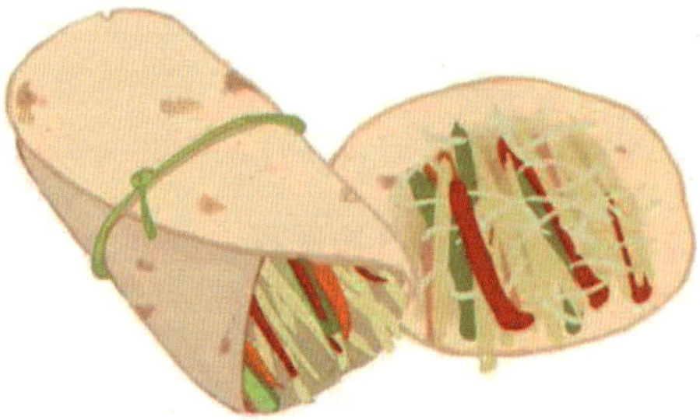

春　饼

盒子铺里有“苏盘”“盒子”两种商品样式。装有切好的各色南味冷荤的拼盘，称作“苏盘”；将切成丝或切成片的各种冷荤、卤味、熏件儿，装在描金画彩的漆盒里（盒中分出木格，以分清各种冷荤），则被称作“盒子”。有的人家吃春饼还要再炒上几盘木樨肉、摊黄菜（即炒鸡蛋，或炒其他蛋类）、黄花粉（肉丝炒粉丝、黄花）、炒青白（又名“炒青白蛇”，即韭菜与豆芽菜炒在一起）等，从而使吃“龙鳞”的餐桌更加丰盛。

除春饼外，“春盘”也是立春时节必备的食品。“春盘”就是在立春之时，将蔬菜、水果、饼饵等食物装盘，用以馈送亲友，共享时令口福的礼品。

玩

年　画

【立春与年画】

立春，二十四节气中的第一个节气，亦是中国重要的传统节日之一。正所谓“一年之计在于春”，春代表了万物生长，鸟语花香。

“千门万户曈曈日，总把新桃换旧符。”立春，开始准备过年，贴年画！

【认识年画】

年画，在中国古代一直是以寓意吉祥的形象出现的。在悠久的历史岁月中，年画随着年节风俗的变化，逐渐演变成一种中国民间特殊的装饰艺术。年画的起源最早可追溯到远古时期的自然崇拜以及神灵信仰。这些年画内容丰富，十分喜庆。每到岁末，多数地方都有张贴年画、门神以及对联的习俗，以增添节日的喜庆气氛。

年画和门神又被称作“喜画”，古时候，民间盛行在室内张贴年画，并在门口贴上门神。年画因一年更换，或张贴后可供一年欣赏之用，故称“年画”。年画是中国民间最普及的艺术品之一，也表达了人们新年吉庆、驱凶迎祥的美好意愿。

门　神

【走近年画】

在中国民间美术中，年画是一个较大的艺术门类。年画与春联一样，都是起源于门神的装饰性艺术品，也是中国古老的民间艺术。早在汉代，民间已有门上贴“神荼”“郁垒”神像的习俗。据载：唐太宗李世民经常做噩梦，梦中有无数冤魂哭号，让他夜不成眠。于是，大将秦叔宝、尉迟恭二人便全身披挂，站在寝宫门口护驾，唐太宗这才得以安睡。可是，秦叔宝、尉迟恭二人白天要值守，不能每夜都镇守宫门，于是唐太宗便令画工将二人的威武形象绘在宫门之上，称作门神。后来，民间也争相仿效，几经演变，这门神便成了今天的年画了。

中国现存最早的年画是宋代的《隋朝窈窕呈倾国之芳容图》。

民间年画从早期的自然崇拜与神灵信仰，逐渐演变成一种驱邪纳祥、祈福禳灾、欢乐喜庆、装饰环境的节俗活动，这也表达了人们向往美好生活的思想感情。民间年画的产地较多，故流行范围也很广泛。因为年画较为通俗，所以普及性很强，且年画的受众相当广泛，所以年画技法一直流传至今。

不管是艺术风格，还是题材内容、刻印技术，年画都具有自己鲜明的特色。可以说，民间年画不仅对民间美术产生了深远的影响，而且具有雅俗共赏的特点。

如今，城市居民也喜欢在立春时节挂贴年画，浓墨重彩的年画为千家万户增添了兴旺欢乐的气氛。

【年画制作】

一般的年画制作要经过以下几个主要步骤：

1. 起稿。

2. 画师用“白描法”将年画画在薄绵纸上。

3. 定稿后，刻工使用粉糊手法将画纸反粘在已经刨平的木板上，完成墨线版。

4. 画师点出颜色，刻工刻出彩色套印版，通常不会超过五张。

5. 刷工将数百张纸压在刷印画案的固定位置上，再将画版仰放在纸左侧，用手翻纸，右手用毛刷，刷动画版上的纸，依样刷完纸张后再换一版，直到全部刷完。

刻

刷

印

风　车

【风车遇到立春】

随着历史的发展，风车已成为有益于孩子们身心健康的一种玩具。小孩子们举着风车奔跑，既锻炼身体又娱悦心情，还有益于身心健康发展。

在北京，当地人都认为财神爷是给老百姓送钱的，而风车则是财神爷的仪仗，所以，风车的排场一定要有，这样才能给财神爷“开道”。

每逢正月初二，家家户户便聚集在“五显财神庙（位于广安门外）”去请财神。每个请财神的人，都要将风车举在面前。飞舞的彩轮可以为财神开路，取为百姓送钱之意。

风车，是一份春天的礼物。听！风车清脆的声音，正是迎接春天的响声和符号。风车是舞动的春风，是春雷隐隐，是风行雷动。

风车，是风和雷的共同体，因为它不仅有转动的风轮、飘动的红旗，还有风车的灵魂——泥鼓，这就是风雷鼓动的意思。

春节一到，离春天就不远了！风车是百姓心中的吉祥物，是“招财纳福保平安”这一美好愿望之载体！在北京春节文化庙会上一定少不了这样的画面：

年幼的孩子骑在大人的肩膀上，一手举着彩色的风车，一手攥着糖葫芦，迎着春风，风车发出清脆悦耳的声音，好似在说："春来了！春来了！"

【风车的历史溯源】

关于风车的起源，民间传说有很多版本。有一种说法，是说在中国民间传统文化中，"八卦风轮"代表着喜庆和吉祥，具有驱魔镇宅的作用，也寓意家庭幸福，人丁兴旺，四季平安。还有一种说法，是说风车是由哪吒脚下踏的风火轮演变而来。经过查找古书和文献资料，学者证实，风车是由"八卦风轮"演变而来，这一说法流传至今。风车装上泥鼓，老人们说它叫"张飞打鼓"，这便是风车鼓名字的由来。"八卦风轮"就是如今风车的前身。

【风车的传说】

关于风车的起源，我们可追溯到距今已有两千余年历史的周朝。

相传，在上古时期，天上有一只"十头鸟"。这只"十头鸟"是王母娘娘身边的上方卫士，却因偷吃天宫里的米而触犯天条。

为表惩戒，王母娘娘责令砍下它一个头，并令其下凡为百姓效力，戴罪立功。谁知，"九头鸟"来到人间后仍然为非作歹，到处残害生灵。此事惊动了周文王和元始天尊，元始天尊便派自己的大弟子姜子牙前去除掉"九头鸟"，拯救百姓。姜子牙受命后掐指一算，要想除掉"九头鸟"，只有用乾坤杆和八卦风轮方能奏效。于是，姜子牙便请来能工巧匠，赶制出了乾坤杆和八卦风轮。

乾坤杆高三丈六尺五寸，八卦风轮是按照八卦组成，内有一个中心轴与十二根棱条。风轮的外圆代表了一周年，十二根棱条则分别代表十二个月份，十二根棱条有二十四个头，正对应二十四个节气。姜子牙将八卦风轮装在乾坤杆上，同时在杆上贴上四道符，风一吹风轮开始转动，一刻不停，从此天下太平。

后来，八卦风轮传到民间，百姓纷纷效仿，但是"乾坤"和"八卦"只许皇上使用，所以把乾坤杆改叫天地杆，并在杆上加上芝麻秸，挂上了红灯笼；把八卦风轮改叫风车，并在上面加了泥鼓风轮，用红、黄、绿的三色彩条做成，于是，风车便作为一种喜庆、吉祥的象征流传了下来。

【文化价值】

风车具有深厚的历史文化价值和民间、民俗的内涵，还具有厚重的地方特色和群众文化基础，深受群众喜爱。在春节北京文化庙会上，它被称作老北京庙会的灵魂，是老北京人对童年逛庙会最深的记忆，也是北京庙会上具有代表性的文化符号，它是中国古代劳动人民智慧的体现，在北方已经成为必不可少的民俗文化之一。老北京风车曾多次走出国门，在美国、德国、日本、新加坡、英国、法国、新西兰等国家的民俗展览馆里，都有中国风车的身影。

老北京风车的外观和结构取材于民间，展现形式和内涵，直观地呈现出百姓心中的美好愿望，与百姓的情感紧密相连。人们手拿风车随风舞动，脸上绽放笑容，散发出对春天的期盼和四季平安的美好祝福，也是传承老北京民俗文化的重要形式。

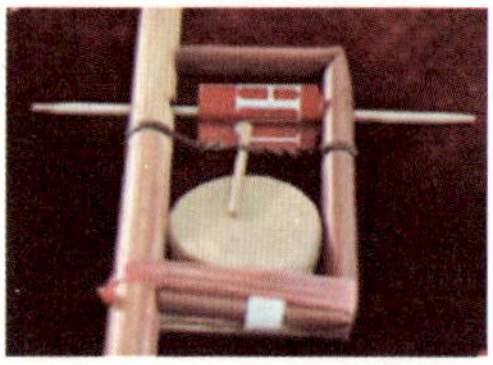

【风车的制作过程】

风车制作起来比较复杂，细细算来得有四五十道工序。

选杆。以高粱秆作为主杆，风干后根据风车尺寸进行截杆、刀刮、火烤。用高粱秆顶端的那一节做背弓，两端要用小胶条粘好，使之更加牢固。

染纸。风轮着色称为染纸，染料要用云南扎染的天然染料。夏季是着色的黄金季节，红、黄、绿按不同尺寸着色晾干后裁成页条。

泥鼓。手艺人需选择不僵硬且黏性较大的土壤，然后通过“泥浆”“过滤”和“沉淀”等工序，确定土壤内不掺杂质后，再掺入棉花进行敲打、摔掷，使其融合。在确定该土壤无裂纹后，再将其制成大小、薄厚都相等的鼓帮，并放置于阴凉处，阴干三到五天。需要注意的是，用牛皮纸粘泥鼓的鼓面时一定要绷平，这样才能做到松紧合适。

中心轴。手艺人会按照“裁竹签”“剪铁片”和“做轴套”的工序，来进行中心轴的组合。按所设计的形状将其结扎，并用竹钉进行连接。人们通常会使用红高粱秆做风车架子，因为高粱秆较硬，且自然发红，能增加风车的美观度。

风车轮。风车轮又称“鼓轮”，是制作风车的过程中，较为麻烦的一道工序。手艺人会先选好竹篾子，再用刀轻轻刮平劈成条，随后用温水将竹篾条泡软，再用胎具把它绕成圆圈，最后用细线将两头连接绑在一起，将竹圈与中心轴连接上。粘好风轮，装好泥鼓，插上小红旗，一架漂亮的风车就完成了。

【结语】

在刀耕火种的远古时代，先民们形成了一些颇为有趣的民俗。这些民俗历经几千年的沉淀，逐渐固化而形成今天中华民族的习俗，每逢立春，尤其是春节，这些习俗总会更集中地呈现在人们面前。

“无风声不小，有风响不停，风吹风车转，车转幸福来。”在节日的庆典上，家长都喜欢带着孩子亲身感受传统文化中所蕴含的奥妙与乐趣，而立春之后开始出现的风车正是迎接春天的符号！

养

立春的立就是建立、树立、开始的意思，所以立春简单来说就是春天开始了。

宋朝诗人张栻的《立春偶成》把自然界的生机勃勃和春日的繁荣，都用“生意”这个词表现出来了。“律”就是节律，是时间的概念。而此时正是冰霜越来越少，暖意越来越多的季节，让人充满希望。因为草木比人能更早地感知到这份希望，所以诗人说“春到人间草木知”。立春是春天的开始。此时冬天的特征依然存在，只不过不是那么明显了，所以在这个时期，人们需要注意饮食方面的一些调理，吃一些味“厚”的东西，特别是肉类，可以增加蛋白质，比如羊肉、牛肉。等到再过一些时日，这种吃法就要改变了。春天，人们的免疫力会下降，血液循环也会不通畅，这就容易患上感冒。人们认为，感冒是因为人体中缺少了某种维生素，但事实上，感冒也可能是免疫系统出了问题。

提高免疫力的方法还是比较多的。首先从养生的角度来说，无外乎就是饮食、起居、运动这三个方面。免疫力低下从本质上说，还是体能下降的表现。采取一些必要的措施，可以改变这种局面。比如说到了春天的时候，饮食要清淡一些，与此同时吃一些温补的食物，特别是对肝有好处的食物，对于增加免疫力是有帮助的。吃少量辛辣的食物也是可以增加抵抗力的。除了吃以外，还有调节心情。因为心情开朗，对免疫力提高是有非常重要的作用的。资料表明，人的各种致病因素当中，起决定性作用的就是人的情绪。也就是说，人的情绪好坏对身体的功能是有影响的。所以保持开朗的心态，适当地到室外去多锻炼，提高身体的抵抗力，那无形之中对免疫力提高就有帮助。

雨水

好雨知时节
当春乃发生

说

雨水是立春之后的第一个节气，也是二十四节气中的第二个节气。

经历了立春，春姑娘逐渐从冬眠中醒来，伸一伸胳膊，呼吸一口春天清新的空气。

此时已到了五九、六九的时节，正是冰雪融化、春风吹皱一池春水之际，小草在石缝中泛出绿色，迎着寒风微笑；垂柳吐出鹅黄的嫩芽，争着去当春天的报信人。

天气回暖，万物复苏，雪渐少，雨渐多，大家都在祈盼着雨水的滋润。

水是生命之源，尤其是在立春过后生命复苏的关键时刻，万物对水的祈盼尤为强烈，所以民间有“春雨贵如油”的老话。古书有言：“天一生水，春始属木，生木者必水也。”所以立春过后，紧跟着的便是雨水了。

雨水的到来对于农作物的生长至关重要，尤其是在靠天吃饭的年代。在南方，雨水时节已然呈现早春的景象，田野青青，春江水暖，桃李含苞，樱桃花开；而在北方，春机尚在孕育，气温上升的速度一天比一天快，春机盎然指日可待。

这种勃勃的生机不仅给大自然带来了变化，更给人们的生活带来希望。

清　郎世宁　雍正十二月行乐图轴·正月观灯

元宵节是春节过后的第一个大节。天上的圆月引起民间对人丁兴旺的向往。因为人多，劳动力就多，这样才能多生产吃穿用品，也才能过上好日子，所以这一理想在一年中的每一个民俗节日都有体现。在元宵节，这个一年中的第一个月圆之夜，更具有开门红的意义。

古往今来，人们都对“闹”元宵情有独钟——踩高跷、划旱船、舞龙、舞狮，还有闹灯、斗灯、观灯、猜灯谜……不过，人气最旺的活动当属“吃元宵”。吃元宵象征着人们对人丁兴旺的祈盼，由此可见，每种节令食品其实都是节气主题的生动体现。

晚清时期，北京等地有走百病的习俗。妇女在晚上相约出行，一人持香在前引路，参与者相随其后，或走墙边，或过桥，据说可以祛病除灾。

文人雅士喜欢这一天饮酒聚会，在半醉半醒中赋诗为乐。为了描绘元宵节的火树银花，辛弃疾作了“东风夜放花千树”的佳句；为了呈现都市的华丽雍容，李商隐作了“香车宝盖隘通衢”的名篇。尤其是善写鬼狐的那位蒲松龄，更是用诗句描绘出上元佳节人们团聚庆祝、饮酒祝贺的喜庆场面。

唱

八角鼓——《冬末春回》

冬末春回，又则见开败了蜡梅，
万象更新景物催，烟锁池塘嫩柳垂。〔过板〕
游人戏耍芳草地，更有那，野寺山僧〔卧牛〕把松林独对，
他在那，漫岭坡前把百鸟陪。

诗词——《春夜喜雨》

［唐］杜　甫

好雨知时节，当春乃发生。

随风潜入夜，润物细无声。
野径云俱黑，江船火独明。
晓看红湿处，花重锦官城。

诗意：好雨是知道节气的，春天一到，雨水便来了。随着微风，雨在夜里静悄悄地下了起来，它滋润着万物，却没有一点儿声音。夜晚，星星和月亮都被云层遮住了，田野的道路也陷入一片黑暗之中。江上，小船的灯火明亮。早晨被雨水打湿的花丛，颜色变得更加浓厚明艳，这些鲜花开遍了锦官城。

注：此诗是诗人定居四川成都草堂时所作，诗人在春夜发现一场好雨悄然来到，满心喜悦，反映了作者关心农事和农民生活的思想感情。

吃

雨水吃元宵

元宵是中国传统美食，也是上元节（元宵节又称上元节）献给上元赐福天官等神佛的供品。它不但可以献给“宗亲五代”的祖先，而且可以馈赠亲朋好友。

元宵节吃元宵，取“祝愿全家团圆和睦，事事圆圆满满”之意，用以表达在新的一年里幸福康乐的心愿，此风俗久矣。据说，元宵始自宋代，根据宋代学者周必大《平园续稿》记载，“元宵煮浮圆子，前辈似未曾赋此”。根据宋人周密的《武林旧事》记载，“节食所尚，则乳糖圆子，澄沙圆子……煎七宝姜豉、十般糖之类”。

这种“糖圆子”“浮圆子”因应节而作，从正月初六起，北京的各大饽饽铺（糕点

铺）便纷纷售卖起元宵来。凡是市内有名的饽饽铺——如正阳门外大街正明斋；东安市场西门对面之宝兰斋；地安门外大街桂兰斋、桂英斋、增庆斋；东四北大街瑞芳斋；东四南大街合芳楼等，几乎都于正月十三“试灯”以前，便高搭席棚，悬灯结彩，引人注目。

在“十五”花灯节期间，饽饽铺的伙计们便在棚里支了桌案，摆了大笸箩，一边吆喝一边当众摇起元宵来。这种边做边卖的方式，能让元宵生意变得十分兴隆。与其他地区不同，北京的元宵都是先做馅——如豆沙馅儿、枣泥馅儿、山楂白糖馅儿、桂花白糖馅儿、奶油馅儿等——元宵师傅将糖化好后，拌上果料，等果料和馅儿凝固后，再切成骰子形的方块。然后，一颗颗地放在大笸箩内的干糯米粉上摇晃，馅粒在笸箩里滚来滚去，越变越大，便成了雪白的元宵。

店伙计们边摇边跳，周围人越多，他们便舞得越起劲儿。逛灯节的人们，免不了要驻足围观。人多了，摇元宵的伙计们便即兴唱起了小曲儿，让人们久久驻足。为了招徕客人，伙计们也学着“江湖”上“元黏领空儿”（招人聚众）的手段，以唱曲逗哏的方法“哗众取宠”。这比放焰火、猜灯谜更有魅力，二人边摇元宵边对唱，如同一台对口相声。

甲：白元宵，笸箩摇，桂花白糖大馅包。能吃不能烧！

乙：你当是摇煤球呢！

甲：黑元宵，筛里摇，南山高末黄土包。能烧不能嚼！

乙：多新鲜哪！

甲：傻小子，跨缸沿儿，不懂摇的是汤圆儿，硬说是白丸儿！

乙：有这事吗？傻子我，搭了茬儿，甭管白玩儿不白玩儿，咱得挣俩钱儿。

甲：元宵甜，元宵圆，元宵不圆不要钱。叫你白解馋。

乙：这倒是正经话。

甲：正经的还在后头呢！

乙：大总统，洪宪年，正月十五卖汤圆。北京变江南。

…………

摇来摇去，唱来唱去，道出了民国五年（1916年）上元节的“洪宪丑闻”。

当年，袁世凯窃取了辛亥革命的胜利果实，废民国，立帝制。革命党人群起抗议，除暗自谋划军事讨伐外，暗中布置多人于新春之际，沿街叫卖元宵，大搞舆论战，大造声势。人们察觉自元旦以来，卖元宵者比往年骤增，于是茶楼酒肆、街头巷尾，群议“袁世凯的‘洪宪’坐不长；元宵，元宵，袁氏必然被取消”。结果，此事被官府上报，袁世凯大怒，谕令警厅饬令于市，将元宵一律改称汤圆。未几，“洪宪”败亡，却留下了“正月十五卖汤圆”的笑柄。

其实，汤圆并非是袁世凯的发明，而是南方的叫法。所以，卖元宵的小曲中有“北京变江南”之句。在江浙地区，汤圆这种节日食品不仅在上元节时可以吃，就连大年初一也可以吃。汤圆的别称为“圆子”，主要有实心的和带馅儿的两种。

实心的“圆子”是初一早晨吃的，用糯米粉加凉水搓成，体积比乒乓球略小些，因为没馅儿，所以实心的“圆子”须蘸糖吃。实心的“圆子”象征团圆圆满、实心实意，是新年祝福的重要环节。

元宵节吃的大圆子，就是包着各种馅儿的汤圆了。南方汤圆可以分成甜、咸两大类，有果馅儿、豆沙馅儿、芝麻白糖馅儿、荠菜馅儿等。为了分辨，人们通常将咸汤圆捏出一个小尖角儿。北京因为没有咸汤圆，所以也就没有这些讲究了。

随着时间的推移，元宵已经不仅是节日美食了，还成为一种四时皆备的点心小吃，深受人们欢迎。而且，人们开发了很多新品种的汤圆，无论是内馅儿、外皮还是做法，都更具新意，也更加丰富多彩了。

玩

巧做花灯

【元宵节与花灯】

元宵节，通常与雨水节气相差不远，而元宵节与花灯的联系又相当紧密。花灯又叫“灯彩”，是起源于中国的一种传统民间手工艺品，据考证，元宵节赏灯的习俗最早见于西汉，而后在隋唐时期兴盛起来。明清时期，人们更加钟爱花灯，明弘治、嘉靖年间修纂的地方志都有记载。

【认识“灯笼黄”】

“灯笼黄”的第一代创始人是清朝光绪年间的黄毓章。当时，黄毓章是北京小有名气的裱糊匠，在慈禧太后去世后，曾应诏为慈禧太后扎制用于焚烧的法船。法船长十八丈、宽两丈，木架结构，用纸裱糊绘画，与真船相仿，栩栩如生。

【巧做莲花灯】

1. 将纸裁剪成长方形豆腐块大小，裹在圆柱形柱体工具上，用线在纸上从上到下进行缠绕，线与线的间距在3毫米左右，且间隔一致。

2. 绕好后用手指从下向上推线，通过线的挤压，将纸搓起。

3. 将线缠绕回线板，取下做好的花瓣，捏住花瓣的一端，用铜线缠绕好后慢慢打开，一个花瓣就制作好了。

4. 组装时没有特别要求，粘贴花瓣时只需注意花瓣要对称粘贴，边贴边塑形即可。

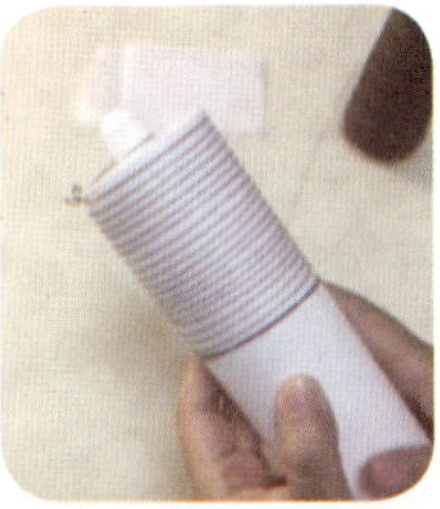

【故事链接：“走马灯”的典故】

上联：走马灯，灯走马，灯熄马停步。

下联：飞虎旗，旗飞虎，旗卷虎藏身。

此副对联出自“王安石捡联获妻”的典故。

相传，王安石在二十三岁那年进京赶考，晚上，他上街闲逛，突然看到马员外家门口的走马灯上有一上联，联曰：“走马灯，灯走马，灯熄马停步。”显然，这是在等人对一下联。

王安石看后，不禁拍手连称“好对”。原本，王安石的意思是称赞这上联巧妙。可站在旁边的马家仆人却误以为王安石是称“对联容易对”，于是立刻禀告了马员外。

原来，这上联是马家小姐为择婿而出的。可是，王安石夸完对联便走了，马员外急忙出来，却寻不到王安石的踪迹了。

在科场上，王安石第一个交卷。主考官见他交卷速度如此之快，便想试试王安石的才学。只见主考官指着厅前的飞虎旗说道："飞虎旗，旗飞虎，旗卷虎藏身。"王安石想到马员外门前的对联，便不假思索地说道："走马灯，灯走马，灯熄马停步。"主考官拊掌大笑，连连称赞。

出了考场后，王安石想起走马灯赐给自己的机缘，便来到马府门前对了下联。有了"飞虎旗"，这"走马灯"的对联自然是好对了。于是，马员外当即就将女儿许配给王安石，并择吉日成婚。

吉日当天，新婚夫妇正举办婚礼，仆人突然进府来报"王大人高中，明日请赴琼林宴"。果真是"洞房花烛夜，金榜题名时"，王安石一时兴起，便提笔将两个"喜"字写在了一起，以表"双喜临门"。从此，民间纷纷效仿，在结婚时都会张贴红色"囍"字。

王安石捡来两联，上应主考、下获贤妻的故事，一时被传为美谈。

养

俗话说："春雨贵如油。"春雨总是给人一种生机盎然的感觉。雨水时节一到，空气变得湿润，对于减少疾病，特别是流行性传染病、呼吸道疾病确实是有好处的。但是雨水时节的雨，跟一般春天的雨还是有区别的。此时是二月底三月初，这个时候天气还是比较冷的，再加上倒春寒、刮风，所以雨水并不是很多。在这个节气时，我们要注意身体上的哪些问题呢？春天是一个气候多变且多风的季节。它带给人们的种种生理心理变化，负面的比正面的多。它直接影响的就是肝脏，所以保肝是在这个时候非常重要的一个工作。保肝的一些具体措施，包括调节情致、养阳等。另外，春天到来的时候，人们普遍有一种现象：春困。这就需要有针对性地补气。增加人的气血，是减少春困的一种好方法。另外，治疗春困应该多到室外活动，呼吸新鲜空气，吃一些养血补气的食物，从而达到补气的目的，这样能够使春困的现象减轻。

五代后梁　赵嵒　八达春游图

惊蛰

日落山亭晚
雷送七香车

说

惊蛰，是春天的第三个节气。

“蛰”字下部为“虫”，取“蛰伏在地下的小虫”之意。而“惊蛰”这个节气，顾名思义，便是地面下的虫子听到了隐隐的雷声，然后渐渐苏醒。

正所谓“天街小雨润如酥”，春天的雨水往往是迷蒙的。不但没有夏季的瓢泼大雨，甚至连像样的中雨也没有。可见，这季节很少有雨是伴着雷声的。那么，冬眠的虫子怎么醒来的？八成是因为地暖了，不再像数九寒天那般冰冻三尺。事实上，惊蛰时节气温回升的速度明显加快，当气温回暖后，虫子便纷纷活动起来。

惊蛰时节是春耕的开始，此时能听到雷声，是广大农民共同的祈盼。农民的经验证明，惊蛰时节若打雷，当年雨水就会多，有利于农业生产。

在中国人的传统观念当中，龙王是兴云布雨的瑞兽。于是祈盼打雷下雨的人们就想到了龙王，还为此设立了一个特定的节日——春龙节。

春龙节是什么节？说出它的俗名来，您会恍然大悟，这就是民间常说的“二月二，龙抬头”。

所谓“龙抬头”，是指一颗名为“龙角星”的行星。在农历二月初二这

清　弘旿　元春集万图册·万顷清阴

天的傍晚，“龙角星”会出现在东方的地平线上，故而这天被古人称作“龙抬头”。

这一自然天象，被人们赋予了希望，叹为龙跃升天。开始布雨的好日子，标志着雨季到了，农耕开始。

作为一个民俗节日，民间不光有“二月二，龙抬头，大仓满，小仓流”的祈盼，而且还有众多与生活紧密联系的内容：

首先是要剃头，取意抬头见喜，耳目一新；

其次，孩子们早晨起来，先要在起床之前喊道：“二月二，龙抬头，龙不抬头我抬头”，然后再起床，讨个好彩头；

最后，老北京有句俗谚：“二月二，照房梁，蝎子蜈蚣无处藏。”人们用点着的蜡烛照遍屋中房梁、墙壁和角落，可驱逐害虫，保护健康。

其实二月二最大的习俗体现在吃上。

平时吃的饺子、面条、烙饼，此时被“龙”字笼罩：面条称龙须；饺子称龙耳；烙饼称龙鳞；小吃炸油糕称龙胆……

当然，最应时的还要算蒸懒龙了。懒龙就是发面的肉卷子，形状像一只盘卧的龙，因它像在睡觉一般，所以称“懒龙”。

吃懒龙的感觉类似包子，以肉、大葱为馅，香喷喷，暄腾腾，惹人喜爱。

此外，民间还会炸春卷，或是爆米花和炒黄豆，以纪念玉龙奋不顾身，为民降雨的义举。

唱

八角鼓——《春至河开》

春至河开，绿柳时来。

梨花放蕊，桃杏花开，遍地萌芽在土内埋。〔过板〕

农夫锄刨耕春麦，牧牛童儿就在竹〔卧牛〕竹林外，

渔翁江心撒下网，单等那打柴的樵夫（哥），畅饮开怀。

八角鼓——《和风吹梨花笑》

和风吹梨花笑，如雪似银压满枝条。

杏花村内酒旗飘，游春人醉眠芳草其乐陶陶。〔过板〕

青杨柳绿如烟罩，双双紫燕飞，呖呖黄莺儿叫。

在小桥东，桃花深处渔〔卧牛〕渔翁垂钓。

堪叹春光无限好，又则见远山如画碧天遥。

诗词——《黄鹤楼送孟浩然之广陵》

［唐］李　白

故人西辞黄鹤楼，

烟花三月下扬州。

孤帆远影碧空尽，

唯见长江天际流。

诗意：在一个春光明媚的季节里，好友离开黄鹤楼，往扬州去了。船帆形单影只，远影在蓝天中逐渐消失，最后只能看见滚滚的长江向东方的天边滔滔流去。

吃

炸　糕

炸糕是天津的著名小吃。

因加工过程主要是用油炸，且主要原料为糯米，所以称“炸糕”。做法为把和好面的糯米粉包豆沙馅，然后入油锅炸至金黄。

金黄的炸糕满口酥香，咬一口，黄、白、黑三色分明——黄的是炸得焦黄的外皮；白的是糯米做成的皮料；黑的是甜甜的豆沙馅儿。炸糕酥软，有嚼劲儿，但又不黏牙。在民间，有“炸糕如龙胆”的说法。所以，民间也有“惊蛰吃龙胆，祈盼如龙腾”的美好愿望。

在天津，最为著名的炸糕当属“耳朵眼炸糕”。因这家炸糕店坐落在耳朵眼胡同旁，故得此名。该店成立于1900年，由刘万春推车叫卖发展而来。刘万春同外甥张魁元合伙承租，伙同经营这家八平方米的小铺。其风味独特，价格低廉，因此受到普通百姓的欢迎。不光搬运工人经常光顾，而且周围住户也在老人过寿、儿女结婚等喜庆时刻订购，借其步步高（糕）的吉祥寓意。

耳朵眼炸糕之所以出名，不仅是因为这家炸糕的选料精、做工细、味道好、口感妙，更得益于采自北运河沿岸地区的黄米、糯米，这些地区水资源丰富，所产黄米、糯米更具黏性。

1977年，耳朵眼炸糕被中国烹饪协会命名为中华名小吃。

【炸糕做法】

一、原料：

糯米粉50克、普通面粉100克、豆沙馅80克、油适量。

二、做法：

1. 取面粉、糯米粉均匀混合，一边倒入开水，一边用筷子进行搅拌，直到面粉结块后，用手搓揉面团，将面团揉搓光滑后备用；

2. 将面团取出，放在案板上揉搓均匀，并平均分成棋子大小的剂子，用手按扁捏成面皮，包上豆沙馅，封口处捏拢收紧，轻轻按压扁；

3. 起锅，倒油，油烧至三成熟，在油中放入饼坯，改用中火慢慢炸至金黄；

4. 待炸糕浮起后，捞出，晾温后即可食用。

【注意事项】

1.因为炸糕的皮中含有糯米成分，所以加热后才能感受柔软的口感。炸好之后，炸糕微微鼓起，酥中含糯软不干。

2.和面时，使用开水能让面团变得更加柔软。因为添加了糯米的面团会很黏，所以和面时宜用筷子搅动，还要蘸上点儿油，以免发黏。

3.面团在包好馅料之后尽量捏紧，避免馅料露出，如果炸的过程中有豆馅露出，很快就会变得焦黑，影响炸糕的外观颜色及口感。

驴打滚

东北地区有一种名为“豆面卷子”的小吃，这种小吃在北京俗称“驴打滚”，是满洲地区（主要为东三省）以及北京小吃中的古老品种之一。“驴打滚”以黄米面加水蒸熟，相传这种小吃“源于满洲，起于承德，盛于北京”。

自古以来，承德地区便盛产一种黍米，据《热河志·物产》记载，“黍，土人称为黄米”。这种黍米黏性较大，可焖饭，也可碾成粉做黏豆包、年糕和“驴打滚”。满族人原本就喜吃黏食，这是满族的传统。因为满族的狩猎生活需要早出晚归，而黏食则十分抗饿。

蒸熟的黄米面裹红糖或豆沙馅，外面沾上炒熟的黄豆面，切成100克左右的小块，撒上白糖或装饰山楂红条上桌，其形象犹如毛驴在黄土中打滚，沾了一身，所以形象地称其为“驴打滚”，极具生活气息。现各家小吃店一年四季都有供应，但大多数已不用黄米面，改用江米面了。二月二龙抬头之际，食用驴打滚寓意奋起，充满生机活力和勃勃朝气。

【驴打滚制作方法】

一、原料：

黄米粉或糯米粉100克、豆馅750克、黄豆面150克、白糖水150克、桂花5克。

二、方法：

1. 糯米粉用水和成面团，蒸锅上火烧开，将和好的面团放在蒸布上，上笼，大火蒸5～10分钟，再用小火蒸10分钟；

2. 将黄豆粉倒入锅中翻炒，直至炒熟，呈金黄色出锅；

3. 白糖水、桂花兑成糖桂花汁；

4. 将蒸好的糯米面裹上黄豆面拿出放于面案上，撒一层黄豆面，把糯米团擀成片，抹上豆馅，卷成筒形，再切成小块，浇上糖桂花汁或装饰山楂条上桌。

冠以“龙”字的食品

古人把人、禽、鱼、兽等生物分成五大类，即：毛虫（披毛兽，多为哺乳动物）、羽虫（鸟类）、介虫（有壳的昆虫，大多为甲虫）、鳞虫（鱼、蛇或有翅昆虫）以及倮虫（即人类）。相传，龙乃鳞虫之精，古人认为龙出则百虫伏藏。所以农历二月初二尽量用“龙”来称呼所有的吃食，以希望“龙威大发”，令“百虫伏藏”，过一个平安和顺、衣食丰足的好年景。

在农历二月初二，给各种吃食冠以“龙”字早已有之。根据《燕京岁时记》记载：“二月二日，古之中和节也，今人呼为‘龙抬头’，是日也，食饼者谓之龙鳞，饭谓之龙子，面条为龙须，扁食为龙牙之类。”老北京人一般都是比较讲究吃的。农历二月，正值早春，也是新鲜蔬菜刚上市的时候，趁着节令，不正好“尝尝鲜儿”！老北京人还管品尝春天的头拨鲜菜叫“咬春”。

【吃龙须面】

二月二这天，老北京人管面条叫“龙须面”，管吃面条叫“抽龙筋”。面条的种类很多，但最令老北京人垂青的还是“炸酱面”。根据季节的不同，煮熟后可热吃或凉吃。要做好炸酱面，关键是做好炸酱。北京的酱分黄酱（稀的）、干酱、甜面酱三种，外埠及中国台

湾叫京酱或关酱。炸酱都是用上好的黄豆经高温后处理，伏天晒透发酵而成。北京天源酱园和六必居的酱均为上品。

炸酱又分“小碗干炸”和“木樨炸酱”两种。

“小碗干炸”是先将肥瘦猪肉切成丁，锅烧热后，放底油，待油热后放上猪肉丁、葱花、姜末、蒜末、料酒，煸炒出香味后放酱（干酱可加水调开），沸后改温火，并用铲子不断翻炒，以防煳底。待10分钟左右再加入适量白糖，搅匀后，再放味精出锅，即可。放白糖是关键，放得过少，吃不出鲜味儿；放得过量，又甜过了头，要放到甜咸适口，恰到好处才好。炸好的酱，上面漂着一层油，熟肉丁在酱中若隐若现，再配以数种时令的面码，如韭菜、青蒜、小红萝卜、豆芽菜、芹菜末、香椿芽儿、菠菜等，如此一拌，煞是好看：雪白的面条儿、黑红的炸酱、青红碧绿的面码儿，别说吃，一看就会让人垂涎三尺。

老北京人做炸酱，通常会用一半甜面酱、一半黄酱。之所以要“二酱合一”，主要还是要做出其中之“甜”味来。“甜味”乃炸酱中“要旨”。

“木樨炸酱”是用猪肉末、鸡蛋炸酱。酱的制作方法同前。待酱炸好后，临出锅前，放入预先炒好的鸡蛋（切成碎丁），搅匀即可。

面条有切面、手擀面、抻面等，其中以手擀面、抻面最为地道。吃时倒入用香油调好的蒜汁，再点少许山西醋——您就吃吧，那香味儿就甭提有多“窜”了！

炸酱面在老北京人眼里是个“雅俗共赏”的饭食。穷人们希望能天天吃顿炸酱面，可是限于经济条件，常常是吃不起的；富贵人家吃腻了大鱼大肉，也可以用炸酱面来换换口味；外埠人士则要拿它当老北京的“特色”来品尝，“要了解老北京，先来碗炸酱面”！看来，炸酱面这普通而实惠的民间饭食是各阶层人士都能接受的，人们对它产生了多少情思，留下了多少赞美之言啊！

【吃“龙牙”】

所谓吃“龙牙”是指吃饺子，因饺子的形状有些像龙牙，故得此名。

应时令的饺子馅当以菠菜、韭菜为最好。俗话说：“好吃不过饺子，好受不过倒着（即躺卧也）。”饺子是北方人爱吃的饭食。如果是对吃比较讲究的有钱人家，还要吃由海参、虾仁、玉兰片包成的三鲜馅饺子；或由鸡肉、鸭肉、口蘑丁配成的“三鲜”也成。一些小康之家也讲究吃“三鲜馅”，不过馅的配料就相对便宜些了，一般是用猪肉、虾仁、韭菜组成。尽管各个家庭因经济条件的不同，所选择的“三鲜馅”不尽一样，但每个家庭都能自得其乐，吃得惬意，吃得舒坦。一个“三鲜馅”就可分出若干种，可见中国的饮食文化有多么丰富。

【吃“懒龙”】

北京人管懒龙也叫“肉龙”。“懒龙”其实就是蒸肉卷子。因卷好的肉卷摊放在笼屉里，恰似一只盘卧酣睡的龙，因其“贪睡不动”状，故名“懒龙”。其制作不难，先将发好的面用碱和好，将其擀薄成长片，再将用作料调好的肉馅置于薄片上，抹匀，卷成圆筒状，盘于蒸屉中，蒸熟后切成若干段，即可。

吃懒龙的感觉和吃包子有些近似，懒龙的馅儿一般都是用纯肉做成。刚出屉的懒龙冒着热气，其面暄软，其泽油润；其馅味儿浓，咸香适口，因此也格外好吃。

此外，对其他食品冠以“龙”字的也很多，如：米饭为“龙子”；包子为“龙眼”；团子为“龙蛋”；煎饼为“龙皮”；贴饼子为“龙舌”。在“龙抬头”的日子里还要吃“炸春卷”“炸三角”。有的人家还要吃爆米花和炒黄豆，以纪念玉龙奋不顾身为民降雨的义举，这虽然是个传说，但老百姓是忘不掉的。

玩

在惊蛰后万物复苏，生长之气萌发渐盛，此时，人们应当顺应生机勃发的时节，适当进行运动锻炼，以微汗散发冬季蕴伏之气，空竹运动很受人们的喜爱，让我们了解一下空竹是怎么制作的吧。

传统空竹以竹木空竹为主。竹木空竹制作步骤均为手工，制作空竹需耗时

5日，大致包括以下15个主要步骤：

1. 截板：根据需要面板的直径，用圆规在五合板或多合板上画出圆，锯出，并磨平。

2. 锯竹筒：根据所做空竹的大小选择直径适合的竹筒，截成小段，锯口保证平整。

3. 内粘：用刀将事先锯好的竹筒劈去三分之一，在截好的面板上画出内粘线，粘好竹筒，间距一致，再整修，使竹筒与面板垂直，四周内粘线一致。

4. 锯竹片：同锯竹筒一样把竹片截成小段，锯口要保证平整，长度与竹筒一致。

5. 外粘：用铅笔沿面板逐一画出弧线和长短线，将已劈好的竹片按画线次序一一黏结在面板和竹筒，压实粘胶。再在纱布上把上口磨平，保证磨口尺寸一致。

6. 扣盖：在竹筒、竹片上涂抹上胶，将另一块面板扣上并压实。

7. 车活：找出构件侧方圆心，用车床将其车圆，车圆后用刀挑出两边线槽，并用砂布打磨光洁。

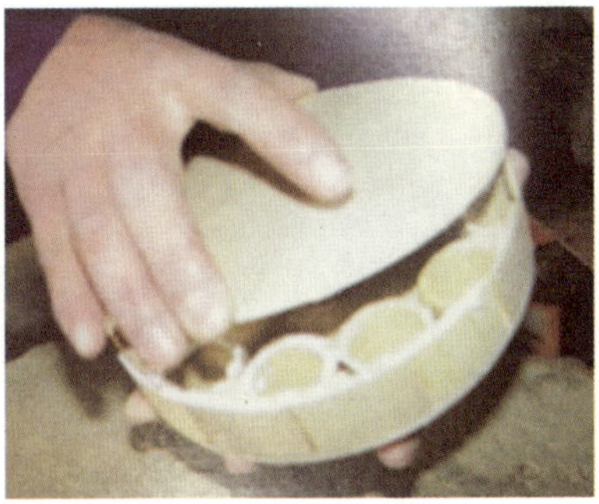

8. 修口：修口是决定空竹发声的关键步骤，在一定范围内修口，空竹方能发声。在修口过程中要保证大小兼备，这样在抖空竹的时候，才可以发出不同频率的声响。

9. 缠麻：缠麻前一定要将麻用温布擦拭一遍，使麻变得柔软。缠麻时不能出线槽，一定要缠紧。

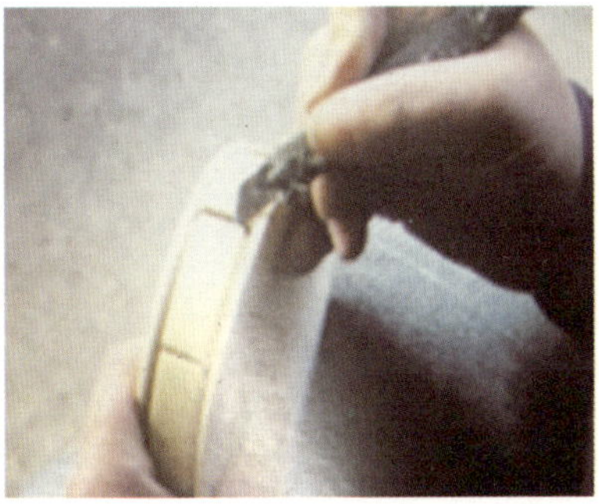

10. 车轴：空竹轴是空竹的重要部位和易损部位，先用机床车出空竹轴所需直径，再用车刀依次车出上轴、抖线和轴头部位，最后用纱布打磨光亮。

11. 上轴：在发声轮中心按上轴部位直径打孔，将轴插入发声轮，再做一个木楔上胶置入锯缝，砸紧，磨平打光。

12. 灌胶：把熬好的猪皮膘胶倒入发声轮大口，左右晃动，倒出多余胶汁，将空竹摆放在水平的地方晾干。

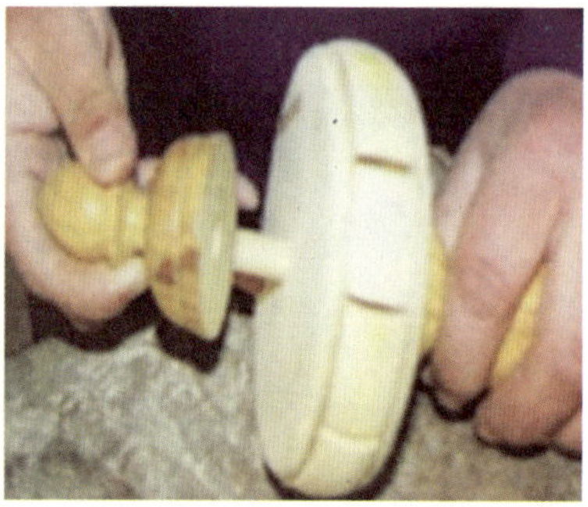

13. 找平衡：上轮之前找出两个重量相等的发声轮，灌胶凝固后抖动检测是否平衡，通过再灌胶调整到完全平衡为止。

14. 打磨、刷漆：空竹胶干后对哨口部位进行修整，高档空竹需先刮腻子后再打磨，再根据不同需要上漆。

15. 装饰：采用绘画、雕刻、烙画等手法进行装饰，提高空竹的观赏性与收藏价值。

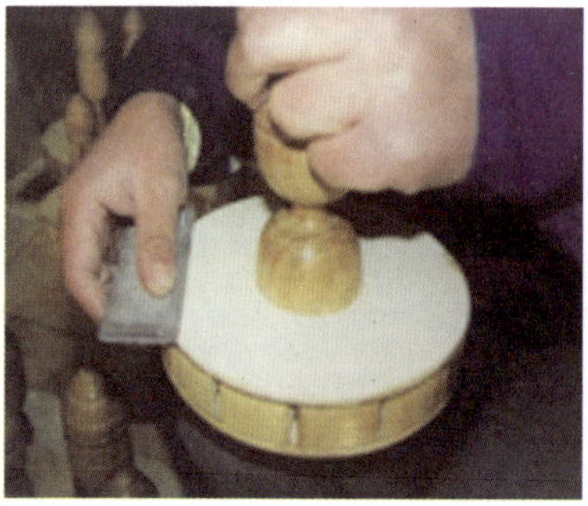
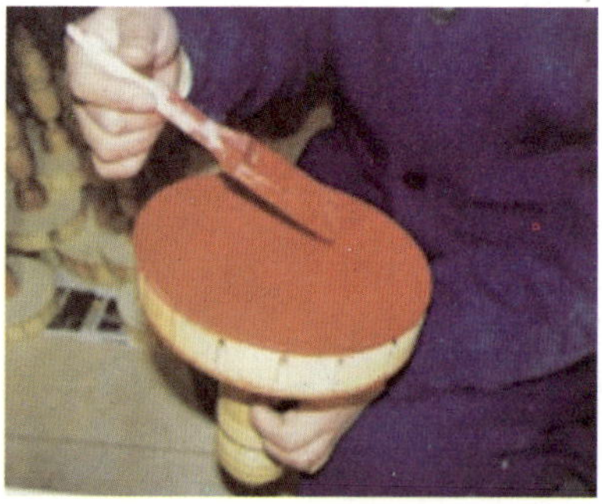

另外，一个好的空竹要配一对好的抖竿，竿的粗细长短由空竹的大小和材质决定，这就需要保证抖竿既要结实又要有很好的韧性。根据空竹的不同，抖竿可采用竹、木、塑料、玻璃钢、碳纤维等不同材质。

【张国良老师空竹作品】

单轮空竹

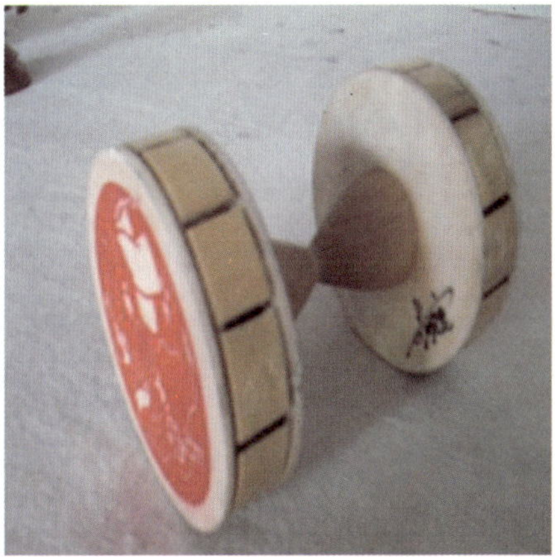

双轮空竹

风火轮空竹

春分

东风变
榆柳
万汇生
春光

说

春分，二十四节气中的第四个节气。至此，春天已经过去了一半。因为从这天起，春天可以分成上半部分和下半部分，所以古人将这日称作“春分”。

春分还有一层含义，就是这一天的白天和夜晚的时间一样长，昼夜平分，这也叫春分。

春分的“分”字便包含这两层含义。

此时在宁夏、内蒙古，黄河水因冰凌融化而猛涨，奔腾的河水昼夜不停，欢快地流淌。两岸盛开的桃花与河水相伴，鲜艳而充满生机。人们称这一时期为“桃花汛”，多么浪漫的名字。

不光有桃花，李花、杏花等也争先恐后地绽开笑脸。一时间，春天成了姹紫嫣红的百花世界，花儿也将生活装扮得五彩缤纷。由于百花齐放，煞是好看，故而民间要举行隆重的花朝节，以纪念百花仙子的生日。

虽然各地花朝节的具体日期不统一，但大致的内容都差不多。在广西，人们会入庙朝拜，然后献上带来的五彩饭、糍粑或粽子等食品，接下来会在绿树丛中对唱山歌，歌颂百花仙子的美丽、圣洁。对山歌还可以表达爱情，并向自己的意中人送上头巾，女子将早先绣好的绣球抛向自己的心上人。

在古代，这一天要在日坛隆重举行祭日仪式。明清两代，日坛设在北京朝阳门外，皇帝或亲自，或派大臣主持祭日活动。

春天是生命成长的季节，“万物生长靠太阳”，此时祭祀太阳，具有感恩、祈愿国泰民安的寓意。

如今的日坛公园不但复原了昔日的皇家祭祀礼仪，而且发展为“春分朝阳民俗文化节”，增加了文艺演出、非遗体验、民俗讲座等内容。

在民间，人们更乐于在参与“竖蛋”等民俗活动中，来体会春分的活动主题。“竖蛋”就是在不破坏鸡蛋完整的前提下，要将鸡蛋在平面（桌面、地面）上竖立起来。

照理说这是件不太可能的事，因为鸡蛋为椭圆形，表面没有一个平面，只有一个支点。然而，在春分这一天却有可能把鸡蛋完整地竖立起来。因为太阳在这天刚好照射在赤道上，南北平分，所以春分当日白天和夜晚是一样长的，这意味着南北平衡，有利于把鸡蛋竖立起来。

事实也证实了这一点，尽管不太容易。2021年春分，电视台的记者听了我的说法后立即一显身手，摄像全程记录，经过一刻钟的反复试验，鸡蛋终于竖立了起来。回到单位后记者再次尝试，依然获取了成功。

在北京，还有春分吃太阳糕的习俗，因为这一天相传是太阳的生日，被称为“春和节”。

太阳糕并没有统一的样式，可粗可细，以有太阳标志为佳，成为祭祀太阳神的主要食品。

唱

八角鼓——《花香蝶欲醉》

花香蝶欲醉，春光映翠微，娇滴滴海棠枝上杜鹃声悲，
柳梢头黄莺儿话语唤春回。〔过板〕

清　丁观鹏　仿仇英汉宫春晓图卷

恰正是桃李争妍融合景，蝶恋花，蜂戏蕊，
舞蜻蜓，燕子飞，沿河风细细，运单雨霏霏，
见几个多才人，共赏春回〔卧牛〕良朋相会，
一个个，年少美，赏东风，醉后归，鞭梢扶弱柳，
御马踏芳菲，贪看春山如图画，玩景归来日已垂。

八角鼓——《青杨柳绿如烟罩》

青杨柳绿如烟罩，被风吹动金线千条。
双双紫燕觅新巢，游春人寻芳踏翠过小桥。〔过板〕
两河岸桃花深处，渔翁垂钓，
深林内远远近近黄〔卧牛〕黄莺儿叫，
猛回头，但则见，杏花村里酒旗飘摇。

诗词——《春日》

［宋］朱　熹

胜日寻芳泗水滨，
无边光景一时新。
等闲识得东风面，
万紫千红总是春。

诗意：在一个好日子里，到泗水边去寻找香美的花草，无边的春光，万物焕然一新。不知不觉中东风吹来，百花齐放，色彩缤纷的春天永远常在。

吃

春分吃太阳糕

春分既是节气，又是节日，称为中和节，所以要给太阳过生日，吃太阳糕。

清代，中和节出现了应节的节日食品——太阳糕。晚清文人让廉，曾于《春明岁时琐记》中载道：“二月朔日，唐后为中和节，分废而不举。相传为太阳真君生辰，太阳宫等处修崇醮事。大家向日焚香叩拜，供夹糖糕，如糕干状，上签面做小鸡，或戳鸡形于糕上，谓之‘太阳糕’，亦有持斋诵太阳经者。”民间将二月初一同太阳真君的生辰联系在一起了，因而产生了“太阳糕”。在二月初一这天，也有吃太阳糕的风俗。这种风俗盛于清代初期。据说，明朝灭亡之后，遗民为了纪念明朝末代皇帝崇祯，便假托祭祀太阳真君而设“太阳糕”，凭此寄托清兵入关之后，广大汉民的故国之思。后来，随着清王朝统治的巩固和持续，这种说法也就逐渐被后人淡忘了，就连旗人也每年一到二月初一就要祭祀太阳真君。

“太阳糕”是祭祀用的供品，也是应节的食品。太阳糕取“太阳”之意，因节气近于春分，气候日渐暖和，所以人们便向太阳真君祈祷，愿它能够日日高起，普照人间大地，滋养万物。太阳糕除市民自己制作外，主要是来自蒸锅铺。此糕一般是用糯米面加糖制成，上面用红曲水印，印出一个“金鸡”的形状，或者在糕饼上面，用模具压出“金乌圆光”。蒸锅铺将每五块糕饼叠在一起，为一碗，顶端还插有一只寸余高的面捏小鸡，用来象征昴日鸡星。“金乌”，其实就是“太阳神”的象征。

【制作方法】

一、原料：

江米面200克，枣泥馅200克，黑芝麻75克，青红丝50克。

二、做法：

1. 将江米面用水搅和均匀，上蒸笼蒸熟。待熟透后取出，晾至冷却。

2. 待江米冷却之后揉成面团，再揪出20个像棋子大小的剂子。

3. 将剂子擀成小圆饼，圆饼上抹上一层枣泥馅，每5张叠在一起。

4. 将黑芝麻炒熟，与青红丝一起叠在圆饼上，摆成小鸡的形状即可。

当然，不喜欢枣泥馅儿的朋友，也可用豆沙、白糖等馅儿制作太阳糕。

玩

泥彩塑公鸡

【春分祭日】

春分祭日一向是中国历代帝王非常重视的一件事。清朝时期的文人潘荣陛先生，曾于《帝京岁时纪胜》中记载：“春分祭日，秋分祭月，乃国之大典，士民不得擅祀。”

日坛，又称“朝日坛”，坐落于北京朝阳门外东南日坛路东，是明、清两代皇帝在春分这一天祭祀大明神（太阳）的地方。古人将朝日定在春分的卯刻，每逢甲、丙、戊、庚、壬年份，皇帝都需要亲自祭祀，而其余的年份则由官员或皇子代祭。

【春分与太阳神鸟】

满族人一直将春分祭日看作是祭祀太阳的节日。远古时期，满洲地区比现在还要寒冷。所以，人们更加期盼春天的到来，也更加认识到太阳的重要性。世界上很多民族都有太阳神，只不过根据自己的民族习惯和传说，给予不同的

太阳神鸟金箔片

称呼。比如古希腊神话中的太阳神是赫利俄斯，与中国太阳神称呼不同，传说故事也不尽相同。

1978年，考古学家在沈阳地区古人类遗址——新乐遗址——发掘出一件极为罕见的木雕艺术品——木雕鸟。而学者认为，这只木雕鸟便是太阳神鸟。

【认识泥塑】

泥塑艺术，是中国民间的一种古老常见的民间艺术。民间手艺人会用黏土塑制成各种形象，是一种非常有趣的民间手工艺。在中国，泥塑的历史甚至可以追溯到“女娲抟土造人”的神话传说，虽然只是传说，但足见泥塑的历史久远。泥塑形象大多以人物、动物为主，或素或彩，在民间俗称“彩塑”“泥玩”。其制作方法是在黏土里掺入少许棉花纤维（或秸秆），捣匀后，捏制成各种人物的泥坯，经阴干，涂上底粉，再施彩绘。

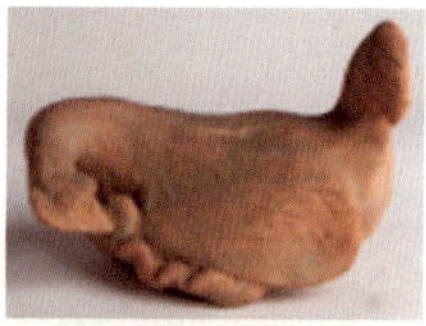

图一

图二

图三

图四

图五

图六

北京泥塑始于清末道光年间，至今已有160余年的历史。老北京的泥塑有很多种，北京泥玩具按功能可分为观赏泥玩具、音响泥玩具、活动泥玩具三大类，其中又以观赏泥玩具最多。泥玩具以泥土为材，经手捏或模印成型，挂底色，施彩绘，就制成了生动鲜活的艺术品。过去主要出现于各类庙会，坐商则以东安市场为代表；也有走街串巷的玩具小贩。有表现三国人物为主的刀马人；有体现老北京民俗生活的“兔儿爷”；有被称为“盘中好戏”的鬃人；还有各种传统娃娃类泥塑，都很富有北京地方民俗特色。老北京泥彩塑以吉祥寓意为主，运用泥的本色调进行创作，体现出浓浓的土气息与泥滋味儿，形成了独特风格。

鸡与“吉”谐音，所以被人们赋予了美好的寓意，如“吉祥”“吉利”“镇邪避妖”等。

尝试自己制作一个泥彩塑公鸡吧。

图一：在河北邓家湾出土的四千多年前的陶鸡（属于石家河文化）
图二：东汉红陶母鸡，长 16cm，广东省博物馆藏
图三：四川广汉三星堆 2 号器物坑出土的青铜鸡
图四：南宋彩绘陶鸡，高 12.8cm，Freer&Sackler 博物馆藏
图五：东汉彩绘陶公鸡，高 6.4cm，Freer&Sackler 博物馆藏
图六：汉陶公鸡，高 17cm，Freer&Sackler 博物馆藏

养

春分是春天的六个节气中的第四个。到了这个节气的时候，春天差不多就过去一半了，而且这一天白天和黑夜等长。自此之后白天越来越长，夜晚越来越短。春分之后，天气越来越热，万物复苏，病毒也复苏了，是流行性感冒多发的一个时节。那我们该怎么预防流感呢？感染流行性感冒，跟免疫力低下是有直接关系的。而且流感的高发人群往往是老人、儿童或者有疾病史、身体比较弱的人，所以提倡春季给老人或者小孩、免疫力低下人群注射流感疫苗。这种抵抗力是来自外在的，我们更应强调内在的，把人的潜力调动起来。采取一些有利于提高免疫力的行动，身体强壮了，自然就不得感冒了。比如吃一些维生素或者钾、蛋白质含量高的食物，对增强身体抵抗力有好处。

我有一个小偏方，就是在口里含一颗咸话梅，对治疗流行性感冒特有好处。因为咸话梅中含有集中酸类物质，对于肝有好处，同时对消灭病菌也有帮助作用。

前几年北京人喜欢一到流行性感冒高发期，就在家里煮一点儿醋熏熏屋子，这也是个好办法。生活中这些小习惯，如果长期坚持，对身体是特别好的。

春天，从食补的角度来说，菠菜成为能够有效防病治病的蔬菜。《本草纲目》就提到，菠菜能够通血脉，开胸膈，下气调中，止渴润燥。菠菜含有丰富的胡萝卜素与维生素A，所以对治疗瘙痒症有很好的作用。菠菜还可以清除体内的自由基，增强免疫力。菠菜还可以降血压，降低心血管病的发生，具有延缓衰老的作用。

清明

欲知春事晚，已见绿阴成

说

清明，一个特殊的日子，因为它既是节气，又是节日，所以颇受古今人士的重视。

在节气中，清明是春天六节气中的第五个，春天的特点得以充分展现——到处花红柳绿，流水潺潺，清和景明，生机无限。

清明是唯一一个节日和节气结合的重要传统节日。清明节还将清明节、寒食节和三月三的上巳节三个节日汇集在一起，成为春天里的一个大节日。来自大自然的天气变化和由此带来的景观变化，以及人类为适应这一变化而采取的对应措施——风俗，构成了清明节独特的节日内容。

“佳节清明桃李笑”“雨足郊原草木柔”，这是对清明时节天地物候的生动描述，人们开始不失时机地投入春耕大忙的劳作，种瓜点豆，以使秋天时有个好收成。

几千年来，人们一直重复着春种秋收的农业生产方式，并因此强化了这种因果关系，将其升华为慎终追远的传统。

清明扫墓在中国已有两千多年的历史，感恩祖先成为世代中国人的共同情感。所以，每当清明之际，外出扫墓的人流车流不断，南北皆同，近年还出现

雍正十二月行乐图轴·四月流觞

了请人代扫和网上祭扫等新兴扫墓方式。

人们还把扫墓和踏青结合，在祭祀先人的同时，也能游览大好河山，感受清和景明的节气特色。

寒食节的传说为清明节注入了人文因素，成为宣传文化传统的好机会。人们在各地的烈士陵园，名人故居，爱国主义教育基地……都开展了丰富的纪念活动。

每年三月三的上巳节，是人们临水祈福，举行修禊仪式的日子。唐代以后，这一节日并入清明节，不再单独举办。

人们会在这一天举办庙会，祭祀西王母祈盼生育，南方的妇女还会到河边洗澡，作为驱邪的仪式。

文人则在水边举行曲水流觞的雅集活动，这项活动就是邀请文人雅士会聚水边，围绕着弯弯的水流而坐，按照约定的格式赋诗，小溪中的酒杯流到谁处，就由谁赋诗一首，饮酒一杯。

王羲之的《兰亭集序》，就是永和九年，他在家乡组织了四十多位诗人雅集时收集到的诗词结集，然后由王羲之写的序言。如今，诗集已佚，只有这篇序，因其重要的书法价值而被珍视，传说其真迹在唐太宗李世民的墓中。

清明之际，天暖融融，人们开展了丰富的室外活动，如荡秋千、放风筝、骑马、射箭、拔河等。

吃食上，南方有青团，北方有各种小吃，作为寒食节的节令食品。

清明节还讲究插柳，绿化荒山，为后人留下青山绿水。

唱

八角鼓——《清明赋》

风和云淡，恰正是万卉争妍，青春光，王孙公子游赏春光。

但见那，一片片芳草青，一树树桃吐艳，一对对游蜂戏，

一双双蝴蝶眠，一条条柳垂金，一层层翠浪翻，
一阵阵和风暖，一双双燕子衔。
见碧桃红馥馥，梨花粉漫漫，
步东郊观不尽，一派春光在眼前。
过小桥，见异草奇花铺锦绣，
又听得，枝头百鸟语，绿荫深处韵悠然。
又只见，喘吁吁樵夫担柴担，不辞劳苦越岭与登山；
汗津津农夫扶犁走，奔忙耕种为田园；
刷啦啦渔翁在江心撒着网，他在那绿水波心驾小船；
喜滋滋牧童儿骑牛背，手放风筝任意玩。
又听得，山坡下，柳荫旁，有那游人醉后高吟〔卧牛〕把诗歌念，
念的是："南北山头多墓田，清明祭扫各纷然，
纸灰飞作白蝴蝶，血泪染成红杜鹃。
日落狐狸眠冢上，夜归儿女笑灯前，
人生有酒需当醉，一滴何曾到酒泉。"
有则见，宝马香车来往走，客旅经商路途间。
春光一片观不尽，慢踏芳青未忍还。
猛听得，古木林中声凄惨，原来是孝子贤孙化纸钱。

儿歌——《放风筝》

春风暖，
好天气，
放起风筝真有趣。
有的红，
有的绿，
蝴蝶蜻蜓大金鱼。
风筝风筝高高飞，

把我带到天空去。
飞得高，望得远，
看看北京在哪里？

注：放风筝是春天特有的活动项目，因为这时阳气上升，风筝较容易荡起来。

诗词——《清明》

［唐］杜　牧

清明时节雨纷纷，
路上行人欲断魂。
借问酒家何处有？
牧童遥指杏花村。

诗意：清明时节，细雨不住地下，在雨中的人们行走十分艰难。请问哪里有卖酒的地方？牧童指向杏花深处的村庄。

注：诗人在诗中描写了游春遇雨、思饮消愁的情怀。

吃

清明吃子推饼

子推饼，实际就是“枣糕”，酵糟发面，夹枣蒸食，柳条穿起挂门上，可以冷食，为纪念介子推而设，成为清明节特色食品，借此宣传介子推不求名利的高尚品质。春天食用还有健脾益气等养生功效，流传于山西、河北等地区。

玩

学做风筝

【风筝遇到清明】

清明时节，天气回暖，风和日丽。人们三五成群，相约在郊外放风筝游玩。

清明一直有放风筝的习俗，根据清朝文人潘荣陛《帝京岁时纪胜》的记载："清明扫墓，各携纸鸢线轴，祭扫毕，即于坟前施放较胜。"可见古人普遍认为，清明时节的风不疾不徐，是很适合放风筝祈福的。

《清嘉录》中，有"春之风自下而上，纸鸢因之而起，故有'清明放断鹞'之谚"的记载。也就是说，在古人看来，放风筝不但是一种游艺活动，也是一种纳福的活动。所以，古人在清明节放风筝时，将自己知道的所有灾病都写在纸鸢上，等风筝放高时，就剪断风筝线，让纸鸢随风飘逝，象征着自己的

十美图放风筝

疾病、秽气都让风筝带走了。

如今，人们在放风筝时，时而牵线奔跑，时而仰首远望，放风筝不但能给人们带来春天的喜悦和情趣，而且还能强身健体。

【认识风筝】

中国是世界闻名的“风筝故乡”。古时候，风筝在北方叫作纸鸢、风鸢、木鸢，在南方则叫鹞子。直到五代时候，有个名叫李邺的朝廷官员，他给放飞的纸鸢上绑了竹笛，竹笛在风中发出清脆的鸣音，远远听上去仿佛筝鸣一般。从此，“风筝”便成了家喻户晓的名字。

【了解风筝流派】

在风筝的发展中，形成了很多风筝流派。有雍容典雅的北京风筝；有精巧奇怪的天津风筝；有质朴淳厚的潍坊风筝；有鹞击长空的南通风筝；还有灵草飞天的阳江风筝。

老北京的风筝艺人众多，其中以金福忠、哈国良、孔祥泽、马晋四大家最为著名。孔祥泽老先生是曹氏风筝的代表人物。

李晶老师是曹氏风筝的传人，下面我们就跟李晶老师认识一下风筝的制作过程吧。

【风筝的四门功课——扎、糊、绘、放】

一、扎

1. 选竹：竹子的品种、砍伐时间、运输方式、取材部位、保存方式等因素，决定了风筝的质量。

2. 小四艺：劈、扎、烤、刮。

劈

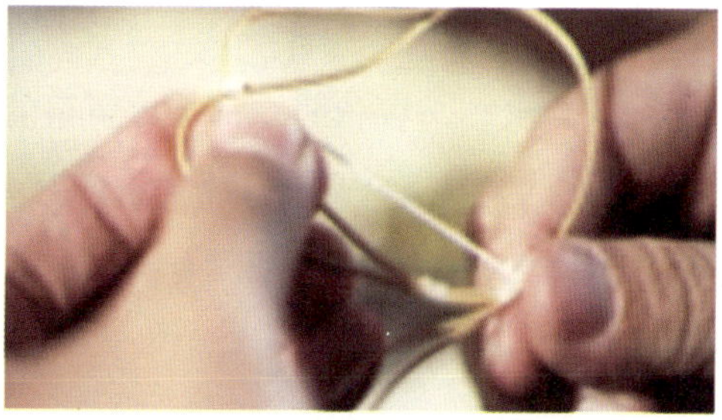

扎

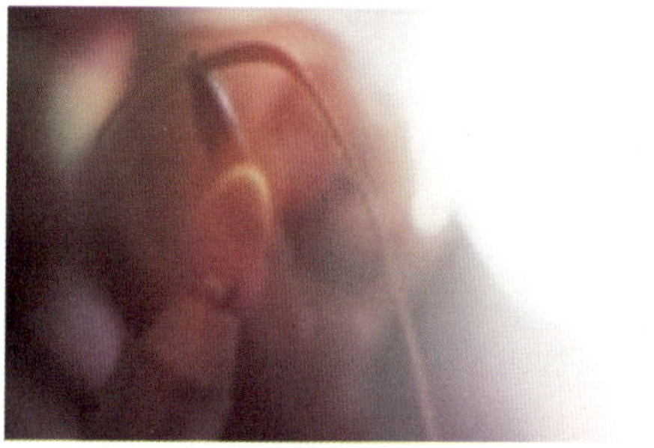

烤

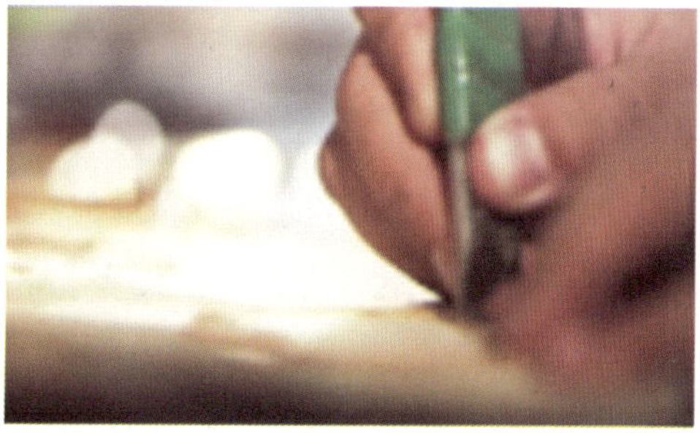

刮

二、糊

1. 制作风筝用的黏合剂，有鳔胶，还有用面打的糨子。

2. 脱胎法裱糊：制作泥胎、盔活、脱胎、和模、成活。

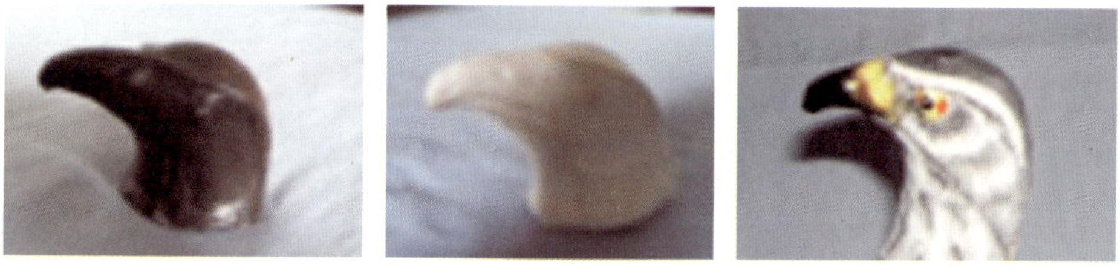

脱胎法

三、绘

风筝彩绘采用传统绘画中工笔重彩的技法，采取由浅入深的原则。

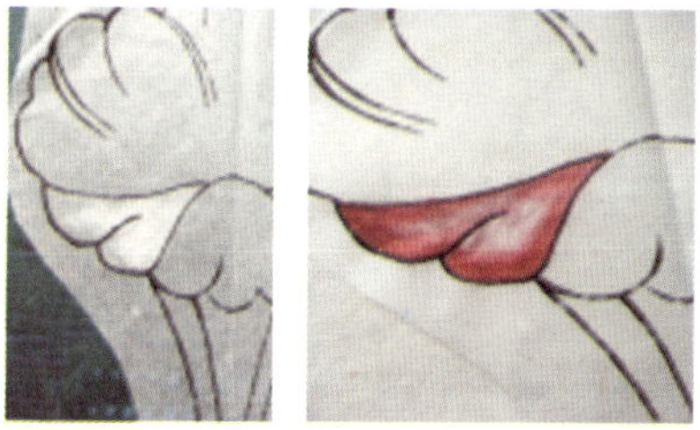

绘

四、放

1．天气——春秋两季都是放风筝的好时节。而清明之前更是放风筝的黄金时节，因为气温升高会产生向上的升力，这时候风筝容易飞起来。

2．放飞场地——周围没有高大的建筑物，没有较高的树木，地面比较平整的场地。

3．风力——风速2～5级的晴朗天气。

4．传统放飞工具——线轴。

清代乾隆年间，我国著名的文学巨匠曹雪芹为了救助他的好友于景廉，开始帮他设计风筝图样和画稿，帮助他渡过了生活的难关。此后曹雪芹编辑了一本有关残疾人的书《废艺斋集稿》。此书分八卷，其中在第二卷《南鹞北鸢考工志》中，曹雪芹把中国风筝从制作技法上分为了43种，并用歌诀的形式表达出来，通俗易懂。曹雪芹根据北京的一种燕子设计了扎燕风筝，并把它人格化、家族化了，也就是我们现在看到的肥燕喻男，瘦燕喻女，雏燕喻娃娃，比翼燕喻夫妻。今天，北京的扎燕已经成为中国风筝的象征。曹雪芹写《废艺斋集稿》这部书的初衷就是让那些有残疾而难以生存的人，学到某种手艺来维持自己的生计。曹雪芹这种济世救人的思想，才是曹氏风筝工艺真正的魅力所在。

养

清明节既是一个节气，又是一个节日。在这个节日中，有很多传统的习俗。因为清明和寒食差一天，而上巳节又与清明相差没几天。人们发现这几个节日内涵都差不多，所以经过多年的演化，变成了清明节。清明节不仅是一个节日和节气相结合的特色节日，它还是把三个节日结合在一起的特殊日子。这个季节会有一些心火或者肺气需要排出，这种排出可以通过运动，也可以通过吃冷食来进行。

在清明节，身体方面要注意些什么呢？冬天要吃一些味厚的东西补一补，而这个时节同样也是需要的。另外到了这个时节，会引发一些常见病甚至一些痼疾，比如高血压。因为冷热不均的时候，血压的感觉是不一样的，一会儿松一会儿紧，血压肯定会受到影响。其次，这个季节气温变化无常，气候给人一种压力，带来的心情不是太愉快，所以调整心情也是这个时节要特别注意的内容。

明 刘度 春山台榭图

谷雨

明朝知谷雨
无策禁花风

说

谷雨，一听这个名字，就知道这是一个跟农业生产紧密结合的节气，意思是雨生百谷，禾苗茁壮成长。

在二十四节气中，还有小满、芒种等也是和农作物生产有关系的节气。这正好说明，节气的形成，直接源于农业生产，因为农业生产在过去几千年里，几乎都是靠天吃饭。

到了谷雨节气，气温普遍回升，雨量逐渐增多，这都是农作物生长所需的外部环境，大江南北的农民朋友都沉浸在渴望丰收的祈盼当中。

在今天，中国已不再是单一的农业社会。在这种情况下，很多人不再从事农业生产，谷雨这个节气还与人们的生活有关系吗？

答案当然是肯定的，谷雨是春天的第六个节气，至此，春天便宣告结束了。

“开到荼靡花事了”，经历过寒风，世间万物呈现一派新气象，初绽嫩叶的小草，戏水的春鸭，万树吐绿，百花盛开，春景满园。这怎能不令人留恋？

世间美好的东西总是短暂的，春天也是一样。所以古人留春、恋春、惜春的诗词特别多，春天犹如青春的少女，婀娜多姿，令人眷恋。

“云淡风轻近午天，傍花随柳过前川。时人不识余心乐，将谓偷闲学少年”，春天的美好，把这位整日关在书斋做学问的程颢先生吸引出来，在这云淡风轻、接近中午之际，在一路花红柳绿的伴随下，信步于山间水滨，不由得回到天真烂漫的少年时期。

春天的魅力可见一斑。

在苏东坡的眼里，春光易逝，由此更增添了一分紧迫感，他在《春宵》一诗中，开头一句即点题：春宵一刻值千金。

由于春天美好而短暂，所以此时的每一分每一秒都很宝贵，值得珍惜。

人们往往把春天的美好比喻为男欢女爱，所以怀春也是美好爱情的象征。

俗话说，女伤春，男悲秋。也就是说，女性对春逝的敏感度远高于男性，林黛玉的葬花就在春天，因为她葬的是桃花而不是菊花，这一说法是有依据的。

不过，谷雨时节也并非百花都已退场，像牡丹、芍药正陆续吐艳。

洛阳的牡丹文化节往往就在这个时期举办，曹州的牡丹也差不多在这一时

闽西春色

期开放。

北京皇家御苑——景山，是京师欣赏牡丹的圣地。花开期间，四面八方的男女老少纷纷赶来。有的还要赶头拨公交车一早就来，和刚睡醒的花仙子一起迎接黎明。近些年，这里还开辟了夜场，灯光里的牡丹花更增添了一丝魔幻的气氛。

唱

八角鼓——《送春》

春在画桥西，芳草烟齐。

杨花飞尽短长堤，海棠开罢杜鹃啼。〔过板〕

惜残春吴姬劝酒，歌金缕，花枝风动舞罗衣。

望平芜，萋萋又送王〔卧牛〕王孙去，

锦鞍朱络青骢马，一别章台路易迷。

吃

谷雨吃香椿鱼儿、喝谷雨茶

北方，特别是北京的谷雨时节，正是香椿树发芽、长叶的季节，此时的香椿不但鲜嫩，而且醇香爽口，味道最佳，正所谓“雨前香椿嫩如丝”。

对于吃东西讲究应时当令的北京人来说，可不能忽略这一重要的节气美食。

北京人是打何时开始吃香椿的，这并不重要，重要的是北京人对香椿的吃法，以及由此带来的独特享受。

北京人一般把香椿当蔬菜食用，美其名曰：食春。

在北京，香椿树很常见，以香椿命名的街巷也多。比较有名的像香椿胡同、长椿街、椿树馆等。

椿芽发得很快，食用的时间很短。紫椿芽、绿椿芽均可食用，而谷雨前几天的椿芽最鲜嫩。

北京人吃香椿很讲究，可以掺在鸡蛋液中做香椿炒鸡蛋；也可做成香椿饼，或同豆腐、黄豆拌在一起做成香椿豆腐或香椿豆儿等凉菜。

炸香椿鱼儿算是比较讲究的凉菜。面掺鸡蛋用水和成糊，香椿带嫩梗的部分蘸面糊油炸，鲜香脆嫩，爽口润滑。

对于更多的老北京人来说，是吃炸酱面时拿香椿当菜码，配以春天初见的小水萝卜、白菜丝、豆芽等时令蔬菜，既讲究，又简单，吃在嘴里别有风味。

谷雨时节采制的春茶，即“二春茶”，其芽叶肥硕，色泽翠绿，叶质柔软，富含多种维生素和氨基酸，受到人们的广泛喜爱。茶人孙大绶在《茶谱外集》中记载道，“采茶，不必太细，细则芽初露而味欠足，不必太青，青则茶已老而味欠嫩”。明代茶人程用宾也记录了“问茶之胜，贵知采候。太早其神未全，太迟其精复涣。前谷雨五日间者为上，后谷雨五日间者次之，再五日者再次之，又再五日者又再次之”之句。

历史名人谈谷雨茶

俗话说：“清明太早，立夏太迟，谷雨前后，其时适中。”谷雨采的茶又香又嫩，还有一定疗效。

明人朱权在《茶谱》中，从“品茶”“品水”“煎汤”“点茶”四个方面具体谈了饮茶的方法。朱权认为，品茶应品谷雨茶；用水当用“青城山老人村杞泉水”“山水”“扬子江心水”“庐山康王洞帘水”；煎汤要掌握“三沸之法”；点茶要掌握“经”“盏”“注汤少许调匀”“旋添入，环回击拂”等程序。朱权认为，“汤上盏可七分则止，着盏无水痕为妙”。

1. 清火祛病

谷雨茶较为温凉，因为谷雨茶生长在温和的春季，春季温度也适中，所以谷雨茶都有温凉去火的功效特点，可以用作茶疗。

2. 健牙护齿

在谷雨前后采集的茶，其色泽青黄嫩绿，清香味十足。放入口中咀嚼，味道清凉微苦；这样的茶叶能打油茶喝，打出来的油茶色泽橙黄纯净，食之清香四溢，满口生津，妙不可言。因此谷雨茶没有一般茶那么浓，却清甜甘口，令人口齿清爽，达到健牙护齿的功效。

3. 杀菌消毒

由于春天叶芽受气温影响较大，所以发育充分，叶肥汁满。醇厚的叶芽也是谷雨茶的独有特色之一，这样的谷雨茶富含多种维生素和氨基酸，营养与矿物质都十分丰富。其含有的生理活性成分，具有杀菌消毒的作用。

玩

学做绒鸟

【谷雨与绒鸟】

谷雨是春天的最后一个节气，从字面意义看，谷雨便是播谷降雨的意思。

在谷雨时节，降水量会大大增多，这有利于谷类农作物的生长。

正所谓“时雨乃降，五谷百果乃登”，田中的秧苗初插、作物新种，最需要雨水滋润，所以古人有“春雨贵如油”之说。

谷雨节气，古时人们有“走谷雨”“品谷雨茶”“赏牡丹花”等习俗。谷雨时节，布谷鸟婉转地啼鸣，仿佛提醒人们，即将要开始忙于春耕。心灵手巧的人们，闲暇时扎上一只“绒鸟”，寄情于其中，便可感慨生活之美。

【认识绒鸟】

北京的绒鸟技艺，距今已经有四百余年的历史。北京绒鸟并非一种鸟型玩具，而是用蚕丝绒制作成的花鸟虫草、走兽风景等传统手工艺品的总称。

绒鸟最早见于“绒花工艺”，原本是专供宫廷享用的，又被称作“宫花”。据说，宫花起源于唐朝。唐朝有位妃子，额头上有疤，为了遮丑，她经常戴着一朵花。可是冬天无花绽放，宫女便用彩绸扎成花朵供其佩戴，慢慢发展成绒花、绢花，后来，宫花便流入了民间。

明朝末年出现了做花行业，种类有绢花、绒花、纸花、通草花等。后来，绒花发展为北京独有的民间艺术品，人们统称它为“京花”。

最初的绒花多是表示吉祥寓意的图案。后来，绒花工艺的重心从制作饰品转向了更受大家欢迎的玩具，出现了以鸟类和鸡禽造型为主的产品，成了真正意义上的绒鸟。渐渐地，“绒鸟”便成为绒制品的概称。

图一　蔡志伟作品　松鹤长青

图二　蔡志伟作品　金鸡报晓

图三　收藏于故宫博物院　福寿凤三多

北京早在中华人民共和国成立前就已经有绒鸟制品了，不过，最早的绒鸟没有腿，只能粘在纸板上供人欣赏，所以又称“纸板鸟”。中华人民共和国成立以后，老艺人夏文富无意间在一堆废铁丝中发现了有几根铁丝的造型特像鸟爪，经过琢磨，就出现了铁丝缠绕法做的鸟腿，为鸟儿“装”上了双腿，绒鸟便从平面“走”向了立体。

根据“北京绒鸟（绒花）”的第六代传人蔡志伟所说，北京绒花的造型多种多样，其中以石榴、桃、蝙蝠居多。

“石榴寓意子孙万代，桃象征着长寿，蝙蝠取‘带福还家’之意，百合则是‘百年好合’。小男孩戴葫芦，上面趴着蝎子、蜈蚣、蛇、蟾蜍、壁虎五种毒虫，叫‘五毒辟邪葫芦’，保佑他一年没病没灾；小女孩戴‘缯子’，上有菱角、樱桃、辣椒等，保佑她一年有吃有喝，快快乐乐。”蔡志伟如是说。

【绒鸟制作】

金属丝和蚕丝是制作绒制品必备的原材料，手艺人会将蚕丝绒染成各种颜色，而后铺开，再用细铜丝在梳理好的蚕丝上夹好，并一条条地剪下，最后将剪下的一条条，用搓板搓成绒条。这些毛茸茸的绒条，再通过刹、折、捋、卷等工艺手法，最终做成不同的绒制品。

北京绒鸟的发展充分展现了古代劳动人民的聪明智慧和精湛技艺，以及这项技艺与民间习俗、百姓生活的关系。

绒花最辉煌时曾作为国礼赠予前苏联，庆祝苏联十月革命胜利40周年。也曾经是北京市工艺美术行业的出口创汇的大户，如今，绒鸟、绒花为北京市级非物质文化遗产和江苏省非物质文化遗产。

养

如果分开来看“谷雨”这个词的话，谷代表了农作物，雨代表雨水，那么把这两个字放在一起，就说明谷物的生长需要雨水滋润。那么反过来说，正因为有了雨水的滋润，所以百谷得到了生长。雨水润百谷，成为谷雨节气的一个很重要的特点。谷雨跟清明差15天左右，所以这个时期跟清明的气候特点差距不会特别大。清明时需要注意的养生的特点，在这个时期依然需要注意，比如春天强调养肝，到了谷雨的时候也依然需要注意。由于雨水较重，所以此时人的情绪容易出现波动，而且此时容易诱发风湿。所以，在谷雨期间吃一些强身壮骨、补血，甚至壮阳的食物，显得特别重要。若要强筋骨、补气血，可以吃一些枸杞、猪肝、鳝鱼这类食物。

由于春天开始以后，阳气上扬，一直到夏天的这段时间，有意识地晒晒太阳，对身体特别有好处。可能有人会疑惑，现在都接近夏天了，特别是到了夏天以后，太阳很毒，会中暑。其实夏天也好，春天也好，是一个阳气逐渐上升的过程，阳最大的代表就是太阳。跟太阳对话，直接从太阳本身吸收阳气，是一个非常简便，而且也是效果非常好的养生措施。建议大家，在早晨太阳不是太足、天气不是太热也不是太晒的时候，站在阳台上或者比较高的地方，迎着冉冉升起的旭日，闭上眼睛站一会儿。或者在此期间做几个动作，扩扩胸、伸伸臂，既达到了锻炼身体的目的，同时又直接采阳气。

这个时期的饮食要讲求防患于未然，着重吃一些温补的食物。鸡汤、鱼汤、鸡肉白菜，都可以起到温补的作用，使温中补虚。由于这个季节的气候所致，有的人牙疼、上火，这也是这个季节大家要注意的。春季是一年中开始的季节，是一个能够带给人希望的季节，但是春天也是多变的季节，所以在春天到来的时候，我们就要充分地融入大自然，享受春天带给我们的这种欢乐。

本草圖譜 卷之七十五

岩崎灌園寫

夏日

立夏

春芳来归去
夏木已成荫

说

夏季共有六个节气，立夏是第一个节气。“立”是建立之初的意思，“夏”是成长、壮大的意思。

古体的“夏”字构成复杂，给人的印象是往左右展开，逐渐扩大。由于气温升高，有的地区降雨频繁，高温高湿的环境十分有利于农作物的生长。

在此期间春作物成熟，秋作物也要及时播种，夏收、夏种、夏管，一天到晚有干不完的活儿。

对于人来说，夏季象征着中年，年富力强，正是大展宏图的好年华，所以忙事业、忙生活，一天到晚忙得不亦乐乎。只有这样，才能在人生的晚年——秋天获得丰收，不曾虚度时光。

诚然，高温高湿的天气有利于生物的成长，但是，有害生物也同时获得成长的机会，比如蚊蝇、瘟疫等。所以，与这些危害人类健康的生物做斗争，始终是人们在夏季不可忽视的重要任务。

在夏季开始之际，人们开展了一系列的民俗活动。

首先是为佛祖庆生（四月初八），感恩祈福，祈求庇护。

在此期间，人们会通过舍缘豆结成善缘，依靠集体的力量去战胜困厄。

人们也崇拜药王，进行采药活动。还有庆祝菖蒲生日、四月十八解灾、以傩驱疫等活动，体现了人们重视这一节气，爱护身体的愿望。

民间还有一些习俗，从实际生活出发，保障顺利度夏。比如，立夏吃蛋，一方面象征圆圆满满度过夏季，不受伤害；另一方面增加营养，提高抵抗力，避免因天气炎热，身体出现由疲劳、四肢乏力、食欲减退等造成的“疰夏”的负面影响。

立夏日，汉族人讲究吃“三鲜”。

“三鲜”可分为“树三鲜”“地三鲜”“水三鲜”三种。其中，“树三鲜”为香椿、樱桃和青梅；“地三鲜”为蚕豆、竹笋和野菜；“水三鲜”为黄花鱼、螺蛳和咸鸭蛋。各地物产不同，具体“三鲜”构成各异。但都是立夏前后的产物，反映了中国人饮食讲究“应食当令”的特点。

在古代，天时的变化是一件大事，天子要主持仪式来隆重迎接。此时，天子要亲率三公、九卿、文武百官，到南郊去迎接所谓的夏神，对其顶礼膜拜，祈求风调雨顺、五谷丰登、国泰民安。

回宫后，皇帝还要赏赐百官，引荐勇武，推荐贤良，并令主管田野山林的官吏巡行各地，慰劳勉励农人抓紧耕作。

唱

八角鼓——《绿野焕新光》

绿野焕新光，熏风初昼长。

小荷贴水点横塘，花上蝶衣晒粉忙。〔过板〕

茶鼎热，酒卮扬，醉来诗兴不成章。

珠帘卷，阶前闲看游〔卧牛〕游丝漾。

燕雏似惜落花香，齐着力，偏偏衔来归画梁。

吃

立夏尝三鲜

“尝三鲜”，也叫“尝三新”，即立夏日尝三样时鲜菜蔬，是汉族人民在立夏时的一种饮食风俗。

所谓“三鲜”，各个地区、各个家庭都不尽相同。比如有的地方，“三鲜”会选择樱桃、青梅和新麦；有的地方，“三鲜”会选择酒酿、白笋和蚕豆；还有的地方，“三鲜”会选择海螺、芥菜、莴苣、咸蛋等物。

立夏这天，人们会先以“三鲜”敬神祭祖，然后与亲朋好友分食品尝。清代文人顾禄，曾在《清嘉录》中有这样的记载：“立夏日，家设樱桃、青梅、麦，供神享先，名曰立夏见三新。”“先”即是祖先，表示人们有了新的收获，首先想到的是献给神灵与祖先享用，且有告诉神灵与祖先，这些蔬菜和粮食已经丰收之意。

立夏日还有吃“三烧、五腊、九时新”之说，立夏时节，天气转热，时鲜果蔬、鱼虾，纷纷应市，故有此俗。“三烧”，即烧饼、烧鹅、烧酒。烧饼即夏饼，烧酒即甜酒酿。“五腊”，即黄鱼、腊肉、咸蛋、海螺、清明狗。“九时新”，即樱桃、梅子、蚕豆、苋菜、黄豆芽、莴苣笋、鲥鱼、玫瑰花、乌饭糕。

每年立夏日，汉族妇女们要聚在一起做“李会”，一起吃李子。民间认为此日食李能使人“艳如桃李”。也有些地方的妇女会在这天把李子榨成汁，兑入酒中喝下，俗称“驻色酒”，认为这样可以使青春永驻。

玩

布 艺

【认识布贴画】

布贴画，是“宫廷补绣”的俗称，又叫“布堆画”“布贴花”“布摞花”“拨花”等。布贴画色彩丰富鲜艳，剪贴的边线明朗整洁，富有木刻版画的刀木特点，是中国民间常见的手工艺术之一。布贴画的底子多用白色，其他颜色也比较常见，主要因其所表现的内容而定。布贴画与丝绸剪贴画相近，只是在原料上有所差别。布贴画与当地群众的生活关系密切，比如用各种颜色的碎布头剪的虎头、花卉和各种吉祥图案，缀纳在儿童衣帽和鞋子上，还有剪贴成“鱼戏莲”造型，装饰在新婚男女的枕头上的。

【布贴画和我们】

布贴画艺术形式将非物质文化与物质文化很好地结合。千百年来人们将无形的美好愿望及对生活的热爱，通过有形的物质表达出来。布贴画民间艺术就是非常好的载体。孩子们有更多机会了解传统文化、节日文化、吉祥文化、生肖文化、典故、传说及孝道，让孩子在润物细无声的氛围中增强文化遗产传承的使命感，通过手工制作提高观察和审美的能力，促进脑和手的协调，培养创造力和想象力。

【了解布贴画的基本技法】

1. 剪贴法：将纸型贴在布的反面，再沿着纸型的边缘剪下即可。

2. 包边法：将纸型贴在布的反面，布的边沿要超出纸型0.5厘米，将其剪下，再沿纸型的边沿涂乳胶，最后把多出来的布边包过来。

3. 填棉包边法：在包边法的基础上，布与纸型之间再填上棉花，为的是让布画更有立体感。

【一起来做布艺“立夏斗蛋”】

1. 用厚卡纸剪出两个蛋形模板，并裁剪两块大于模板的蛋形白布。

2. 用包边法做出两个蛋娃。

3. 用卡纸裁剪出四肢和鞋。

4. 用包边法做两顶帽子。

5. 用红色、黑色纸做眼和嘴。

6. 将做好的组件进行组装。

一幅有趣的“立夏斗蛋游戏图”到此完成。

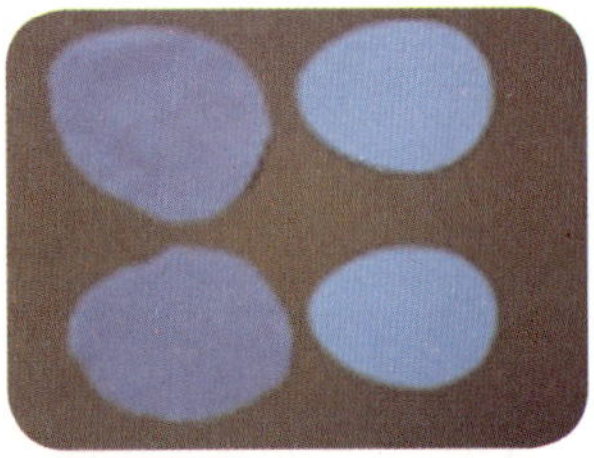

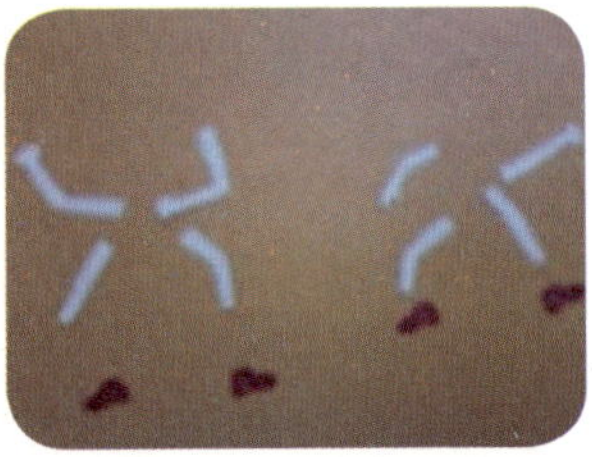

小满

小满天逐热，温风沐麦圆

说

所谓小满，指的便是麦类夏熟作物籽粒逐渐饱满，灌浆初熟，却还没有完全成熟的样子，故称“小满”。

这是一个以农作物生长为特征的节气，可见这个节气与农作物生长的紧密关系。

这是夏天里的第二个节气。此时气温迅速攀升，同时湿度增大，夏收作物相继成熟。在南方，小满还是适宜水稻栽种的季节。

这是一个充满希望，却又不稳定因素增多的时期。民间为了确保丰收采取了许多措施。

因为小满还适宜水稻栽培，所以抵抗夏旱很重要，“蓄水如蓄粮”，农村在此时会祭车神，祝福水源涌旺。

江浙地区在小满节气会举办祭蚕节，祈求“天物”的宽恕，养蚕有个好收成。

在有些地方还有夏忙会，就是开设粮食市、农具市、骡马市、杂货市等生产市场，方便农民交流和购买生产、生活用具，为夏收做准备。

在民间，有许多表面上好像与小满节气无关（实际有关）的趣事。比方说，有一种俗称“捻捻转儿”的面食，形状与面条相似。由于“捻捻转儿”的谐音为“年年赚”，所以又有丰收、圆满的寓意，很受人们的喜爱。

关中地区在小满节气还有“看麦梢黄”的习俗，就是出嫁的闺女要在这天回娘家，带上油馍、黄杏、黄瓜等，一方面探望亲人，另一方面祈盼丰收。

在此期间，宁波人还要给狗洗澡，以此来纪念狗太公，也就是狗神，求得庇护，就像三伏天的“伏”字，人倚着犬，仿佛借点阴凉一样。

小满的习俗还有一些，比如“神仙生日”祭吕祖、小满“抢水”、龙神崇拜等，五花八门，丰富多彩。其实这些表面上千差万别的习俗，几乎都源于一种共同的民俗心理：祈盼丰收，祝福人们生活美满。多彩的习俗只是这一心理在不同地区、民族或社会阶层的生动体现。

综合这些小满习俗，可以充分感受到，我们的祖先在小满节气到来之际，敬畏自然、感恩自然、顺应自然的喜悦。这既有利于后人不断深入感悟与自然、与人和谐相处的快乐，同时也启发人们像农民种地一样，与自然融为一体。

唱

八角鼓——《孟夏乍眠乍醒》

清和乍到，昼永难熬，雕梁上的初雏乳燕欲离巢。

池塘内荷浅出水，曲栏外芍药飘香。

暖风轻，竹脱新叶在碧窗摇。〔过板〕

湖山旁的芭蕉分卷，舒清影，一处处杨花飞，一树树榆钱落。

傍水乳鸭啼，向日葵花笑，

翠楼中的俏佳人，午梦贪眠，〔卧牛〕睡损了如花貌，

忽有那轻摆绣帘风，当啷啷，玉振金钩落。

惊醒了佳人，抬身睁杏眼，愣柯柯，闲把云屏靠，

侍儿报道说天将晚，忽听得，凄凉凉，夕阳深巷里卖樱桃。

吃

小满吃捻捻转儿、油面茶

“捻捻转儿”，指的是北方人在小满前后吃的一种家常面。

田里的麦子在小满前后完成了“吐穗”“扬花”“授粉”等生长环节后，小麦的籽粒日趋饱满。这时，人们纷纷将麦粒刚硬还略带柔软的大麦麦穗割回家，先搓掉麦壳，再用筛子、簸箕等把麦粒分离出来，然后用锅炒熟，并将麦粒放进石磨中磨制。这时，石磨的磨齿中便会出来长约寸许的面条。面条掉落在磨盘上，人们再将面条收起放入碗中，并根据自己的喜好，加入蒜苗、蒜末、黄瓜丝、麻酱汁、油醋汁等菜码和调味料，这样一碗清香可口的“捻捻转儿”就做成了。“捻捻转儿”可以凉着吃，先拌入少量开水，再拌入调料。除了大麦麦穗之外，小麦麦穗也可以制作“捻捻转儿”，只是味道稍逊大麦麦穗一筹。

这种吃食因靠不断磨转产生，所以被形象地称为“捻捻转儿”，寓意“年年赚”，年年丰收。

人们在小满前后，还有另外一种节令食品——“油面茶”——可以享用。小满过后，农民最高兴的事就是能够吃到当年的新面。小满时节，人们会将已经成熟的小麦磨成新面，然后再将面粉放入锅内，用小火炒成麦黄色，而后取出；另在锅中倒入香油，改大火，烧至油将冒烟时，即刻倒入已经炒熟的面粉中，并搅拌均匀；最后，将黑白芝麻用小火炒出香味，将核桃炒熟磨成细末，并连同瓜子仁一起，倒入炒面中拌匀即可。食用时，可用沸水将油面茶冲搅成稠糊状，然后在其中放入适当的白糖与糖桂花汁拌匀，也可以根据喜好，加入盐和其他调味品食用。

玩

学做毛猴

【认识毛猴】

“毛猴”最早起源于清道光年间的一间药铺中，过去的名字叫“药制玩儿猴”，是北京城独有的民间手工艺品。“毛猴”的制作材料主要是四味中药材，即蝉蜕、辛夷、白芨和木通。手艺人会按照人的肢体特征，将上述材料粘接成各种形态的毛猴形象。在中国，“毛猴”有着“立体漫画”之称，它不仅成为老北京的文化符号和历史记忆，也体现出老北京的民俗文化与生活趣味。

老北京“非遗”艺术——毛猴（作者：邱贻生）

【毛猴的小故事】

相传，在距今约200年前的清道光年间，北京城宣武门外的骡马市大街有一家药铺，这家药铺的掌柜为人尖酸刻薄，时常打骂伙计，伙计们因为生计问题敢怒不敢言，不得不忍耐下来。一日，配药伙计又被掌柜的打骂一通，心情十分烦闷。晚上，他在摆弄药材时无意间发现，将蝉蜕的鼻子、腿和辛夷用白芨粘起来，样子滑稽可笑，像极了尖嘴猴腮的掌柜，于是便拿给其他伙计看。大家看完哈哈大笑，心中的恶气也消散了不少。

【制作毛猴】

过去，一般使用蝉蜕、辛夷、木通、白芨这几种原料制作毛猴。其中，木通用来做毛猴的帽子，白芨用来粘接这些原材料，后来，木通逐渐被淘汰，不再使用，白芨也由胶水取代。因此，制作材料演变为蝉蜕、辛夷、胶水。蝉蜕就是俗称的“知了壳”，人们取它的鼻子做毛猴脑袋，取它的前腿做下肢，取它的后腿做上肢。而辛夷则是玉兰过冬时的花骨朵，人们用这个毛绒状物体做毛猴躯干，再用胶水一粘，一只三四厘米高的毛猴便成形了。再给这些毛猴配上具体的场景，丰富立体的毛猴故事便栩栩如生了。

【注意事项】

毛猴结构和人体结构是非常相似的，所以在制作毛猴过程中，想着人体的结构，就不会错。

1. 身体脑袋，上宽下窄；

2. 上肢下肢，仔细辨别；

3. 四肢左右，区分方向；

4. 脚尖冲前，腿肚在后；

5. 若有需要，四肢改造。

养

小满三候，分别是：一候苦菜秀、二候靡草死、三候麦秋至。苦菜是很容易生长的植物，又可以当作蔬菜，在我们生活当中很常见。到了小满这个节气后，苦菜生长得比较旺盛了，街边和树根底下经常能看到，到处是这种菜。不妨采一些，稍微焯一下，再放点作料拌一下，既可口又营养丰富。苦味菜是有去火功效的。

到了夏季，天气炎热，在小满这个节气来临的时候，我们应该怎样注意养生呢？中医认为夏季养生重点在于心，除此之外，还有脾。先说心，心是夏季养生的核心问题。养心的措施非常多，在饮食方面，着重要吃一些补气血的食物，补气血有利于养心。气血足了，脾所需要的营养供应也就多了。这种食物重量特别轻，体量也非常小。比如红豆，也叫赤小豆，它不如黄豆那么大，边不如芸豆那么胖，但它起到的作用是非常重要的。红豆是一种非常有利于身体健康的温补的重要食品，而且价廉物美。红豆可以做成红豆汤，再讲究一点可以做成粥或者红豆饭，甚至做成红豆包，这些食物做起来都比较简单，但起到的效果却很明显和持久，在养心和养脾方面，向大家着重推荐红小豆。还有一些食物也适合在小满的时候吃，比如绿豆、冬瓜、玉米仁、黄瓜、黄花菜，都能起到利尿清热作用。小满的时候也是皮肤病的高发期。因为小满的时候气温开始升高了，人们很容易出汗，出汗不仅是水往外排，油脂也往外排。油脂性的东西要是在皮肤表面积结不能够及时清理的话，必然会对人体皮肤表面造成伤害。另外气血亏、营养不平衡都容易使得皮肤表面造成疹、癣这种湿热表现。用艾条熏屋子是一种好方法，它通过释放烟，可以消除一些比如大肠杆菌等在夏天对人体有伤害的细菌。在夏季，人普遍容易腹泻。所以有慢性腹泻或者肠胃功能差的人，在吃饭的时候，要慢一点，而且尽量嚼碎，这有利于肠胃的吸收，会使腹泻的情况减轻一些。

明　仇英　蕉阴结夏轴

芒种

水国芒种后
梅天风雨凉

说

芒种，又是一个跟农作物生长有关的节气。芒种，表面的意思是“有芒的麦子快收，有芒的稻子可种”。尤其小麦，头年播种后，经过秋、冬、春三季的生长，此时逐渐进入成熟期，要开镰收割，晾晒；秋季作物也要在此时播种、管理，所以是夏收，夏种，夏管。“三夏”大忙季节，所以又叫“芒种”。

收获的季节往往伴随着高温、高湿的气候，因为这是生物成长必备的外部条件，然而一些对人类健康有害的生物也因此获得生长的机会。为此，养成健康文明的生活习惯就显得格外重要。

这也再次证明，节气与每个人的生活都具有内在的、紧密的联系。千百年来，我们的先人所积累的，关于节气的习俗、谚语、老理儿，都为我们平安度季提供了重要的参考。

古人对芒种十分重视，习俗也格外多。这也从反面说明，芒种的确是一个对人负面影响比较多的节气。

在北京，芒种时有一个重要传统，就是全民搞卫生，特别是平时不容易接触到的地方，此时都要打扫干净，再洒些石灰水，避免蚊蝇的滋生。

在全国各地，都有给小孩点雄黄、用草药水洗澡的习俗。这也是减少蚊蝇等生物侵害的有效措施。

清 郎世宁 午瑞图

过去，一些城市的中药铺会在此期间举行舍药活动，提供熬好的中药汤供路人饮用；或是散发一些仁丹、清凉油、十滴水等成药。一方面做些公益事业，另一方面也是重要的自我宣传。

芒种期间的端午节，是中华民族重要的传统节日。赛龙舟是一种传统的运动方式，人们通过赛龙舟来禳灾；吃粽子带给人一份清凉，保佑人们平安度夏。

端午节人们会纪念屈原、伍子胥、曹娥等英雄人物，让我们从他们身上摄取精神力量，提高战胜困难的决心和勇气。

民间还有端午节贴钟馗像的传统。钟馗是传说中的打鬼英雄，可以扶正驱邪。端午节时悬挂钟馗像，保佑人们不受伤害。

在钟馗像的两侧还会挂上菖蒲和艾草，这既可作为对钟馗的陪祭，同时也有驱除蚊蝇、净化环境的作用。

在饮食方面，端午节有饮雄黄酒、吃五毒饼，以及吃五种黄色或红色菜肴的习俗，不仅从吃上贴近主题，而且讲究“应时当令”与自然环境相适应。

唱

鼓曲——《【芒种】夏云多奇峰》

夏云多奇峰，突兀玲珑。
浑似那方壶离海，太华凌空，
莽苍苍何处飞来在天际峥嵘。〔过板〕
逼青霄崔嵬鸟道，碧落相通。
时见摩天起，真疑出岫逢。
望丹梯，此中应是神〔卧牛〕神仙境，
何当便蜡登山屐，直上阳台第一层。

儿歌——《大蜻蜓》

大蜻蜓，
绿眼睛，
两对翅膀亮晶晶。
飞一飞，
停一停，
帮助咱们捉蚊蝇。

蜻蜓和青蛙一样，都可以吃蚊子，减少它们对人的侵害，所以小朋友们也要保护蜻蜓啊！

诗词——《农家》

［唐］颜仁郁

半夜呼儿趁晓耕，
羸牛无力渐艰行。
时人不识农家苦，
将谓田中谷自生。

诗意：夜半时分，叫醒儿子，趁着拂晓前去耕地；瘦弱的牛没有力气，渐渐地越走越艰辛。贵族子弟不知道农民种地的辛苦，就以为，粮食是从田地中自己长出来的。

吃

粽　子

粽子，古称“角黍”，是端午节的应节食品。在《本草纲目》一书中，粽子有“古人以菰芦叶裹黍米煮成，尖角如椶榈叶心之形，故曰椶，曰角黍”的记载。而且，粽子还被人们赋予了纪念楚国大夫屈原的意义。

在《端午礼俗史》中，黄石先生认为古人以粽子祭奠屈原的说法只是“茶余酒后谈资，据作考证则大谬”，而中国台湾学者殷登国则在《夏至的节礼习俗》中，称粽子最早是夏至的一种时令食品。不过，虽然各派学者各执一词，但如今，粽子已经演化为端午必备的传统食品了。

人们在包粽子时，通常会使用竹叶或苇叶进行包裹，古人也会使用艾叶、茭叶、菰叶，其中，用艾叶裹的粽子被称作“艾香粽子”。

包裹粽子时，粽叶要先用水浸泡，然后再清洗干净。糯米也要预先用冷水浸泡，泡好后将水沥净备用。在包粽子方面，古人要比现代人讲究得多。古人会在糯米中放入板栗、红枣、柿干、银杏、赤豆、胡桃、姜桂等食物。

如果要包“碱粽”，可以先用石灰水少许洒在米上进行搅拌，让米变成微黄色；或者在煮粽子的水里放进少量石灰或柴灰，这样煮出来的碱粽会格外芳香美味。

唐宋时期，粽子也颇受皇室的喜爱。唐玄宗李隆基在位时，端阳宫里每年都要精工制作粽子和粉团。粉团盛于金盘之中，宫女们用金质小弓去射盘中的粉团，如果射中，则以粽子为赏。然而，粉团滑腻并不好射，为了获得吃粽子的奖赏，宫女们必须全神贯注，认真拉弓引箭才行。唐玄宗见此场面颇为欢乐，还吟出了“四时花竞巧，九子粽争新”的诗句。这种宫廷游戏至宋代仍延续不断。

除了食用外，古人还在粽子中加入药物，以疗疾患。早在南北朝时期，卢循就将糯米与益智的中药共同包裹，制成“益智粽”呈献给宋武帝刘裕吃，以求治疗宋武帝脑力衰退、思维迟钝等症状。在《本草纲目》一书中，李时珍就将治疾药与粽子并食的方法，作为治疗疟疾的良方。

粽子给古代诗人们的创作也提供了灵感。著名诗人元稹有“采缕碧筠粽，香梗白玉团”的佳句；温庭筠也有“盘斗九子粽，瓯擎五云浆”的诗句；姚合作了“渚闹渔歌响，风和角粽香”的句子；陆游亦有“盘中共解青菰粽，衰甚将簪艾一枝”的记载，这些诗句都是对粽子的歌咏。

随着时间的推移，粽子逐渐成为人们在端午期间馈赠亲友的佳品。古时候，一些讲究的大户人家，除了用粽子做节礼之外，还会配以樱桃、黄杏、荸荠、桑葚、玫瑰饼、五毒饼等时鲜食物，而小户人家则只能裹几只清水粽，在充饥的同时又当过节了。

在北京地区，端午节的粽子大多是用苇叶包裹，并以马蔺系之的。市间销售的粽子，则以江米小枣的为主。不过，相比北方人，南方人在吃粽子方面更加讲究，主要可分为苏式、广式两大类。苏式粽子主要有火腿粽、鲜肉粽、豆沙粽、赤豆粽、白米粽等；广式粽子主要有叉烧蛋黄粽和豆沙粽等。后来，北京地区也专门引进了南方口味的粽子，以供人们选购。

值得一提的是，吃粽子的习俗不仅在中国流行，在朝鲜、日本及东南亚地区也同样流行，这也是中华传统美食文化向外输出的典型例子。

【制作方法】

一、古法制作

汉朝时期，粽子多用“芦叶裹米”。到了西晋之后，人们则“菰叶裹黍米，杂以粟”。贾思勰在其著作《齐民要术》中载道：“先取稻，渍之使释。计二升米，以成粟一斗，着竹内，米一行，粟一行，裹，以绳缚。其绳相去寸所一行。须釜中煮，可炊十石米间，黍熟。”明朝时期，李时珍在其所著的《本草纲目》中记载：“糉，俗作粽，古人以菰芦叶裹黍米煮成，尖角，如糉榈叶心之形，故曰糉，曰角黍。”可见，糯米在明朝时期已经成为粽子的主要原料，而且制作方法也已经定型。

二、现代做法

（一）红豆枣粽

原料：

糯米、枣、红小豆、粽叶。

做法：

1. 将糯米淘洗干净，放入清水里浸泡至能捏碎，备用。

2. 将红小豆和枣洗净，泡一个半小时后再和糯米放在一起拌匀备用。

3. 将粽叶300克洗净，放入锅内煮约半小时取出，用凉水浸泡，备用。

4. 取泡好洗净的粽叶二三片摆齐，卷成圆锥形的筒，放入拌好的糯米、红小豆和枣，包成粽子形状，用绳或马蔺扎紧。

5. 将包好的粽子码放在锅内，加入清水用旺火煮约2小时后，改用小火焖约3小时，即可食用。

（二）香粽

原料：

五花肉、糯米、酱油、食盐、粽叶。

做法：

1. 将粽叶浸泡半小时擦洗干净。

2. 五花肉切块，加酱油食盐腌制两小时以上。

3. 糯米洗净后拌入盐和酱油，沥干水分。

4. 粽叶折成一个小碗状，先加入少许糯米，放一块五花肉，包好再用绳或马蔺扎紧。

5. 肉粽放入锅中，大火煮开后转小火再煮三个小时后即可。

（三）果脯甜香粽

原料：

糯米1000克，果脯150克，粽叶若干。

做法：

1. 将粽叶洗净，放入锅中加入清水煮软。

2. 将糯米淘洗干净，沥水，备用。

3. 果脯切成小丁备用。

4. 取三张粽叶，毛面相对，先放入一半糯米，加入果脯，再放入一半糯米，包成粽子，用绳或马蔺扎紧。

5. 将包好的粽子放入锅内，加入清水用旺火煮约两小时，再用小火焖约三小时即可。

玩

【麦秸画与芒种】

芒种，夏季的第三个节气。此时，中国的江南地区开始进入梅雨季节，而华南地区则处于龙舟水时节。相比立夏，芒种的气温显著升高，而且降雨量也比较大。

根据字面意思，芒种就是“有芒的麦子快收，有芒的稻子可种”。在农村，芒种前后农事活动非常忙碌，有收获，也有播种。

芒种节气的到来意味着小麦收获的季节到了，人们在收获时也会产生一些大家认为的废弃物：小麦秸秆。麦秸画正是利用废弃的小麦秸秆经过漂染加工，剪幅成画的传统民间艺术。

【认识麦秸画】

“麦秸画”产生于潮州城区，又被称作“麦秆画”“麦草画”，是中国独有的特色工艺品之一。麦秸画的历史较短，只有约60年的历史。麦秸画虽然来自民间，却是皇家贡品。麦秸经过“熏、蒸、漂、刮、推、烫、剪、刻、编、绘”等多道工序，并按照麦秸本身的光泽、纹彩和质感进行剪裁和粘贴。由于麦秸的光泽比较透亮，有较强的装饰性与艺术感染力，所以制作出的诸如人物、花鸟等作品都栩栩如生。麦秸画给人一种古朴自然、高贵典雅的感受。与剪纸、布贴一样，麦秸画是一种剪贴艺术。目前，麦秸画被开发成了麦秸画工艺瓶、麦秸画工艺口杯等200多个品种。而且，麦秸画的艺术表现不再局限于画作，而是更多地与其他艺术装饰品或日常生活用品融为一体，其实用性也大大增强。

【麦秸画的制作】

（一）准备：

麦秸、剪刀、刀片、镊子、电烙铁、铁熨斗、8开的拷贝纸、金丝绒布、不干胶。

（二）制作：

1. 软化麦秸

将麦秸放到开水（80摄氏度以上）中煮约十分钟。煮麦秸的目的是让麦秸软化，不再像原来那么脆。这时，就可以将麦秸筒捏成长条，用以制作各种麦秸制品。

2. 剖开麦秸

将选好的麦秸去掉顶梢和根节部，只取中间部分，用镊子将麦秸从中间剖开，为麦秸画的制作做准备。

3. 熨平麦秸：利用铁熨斗将弯曲不平的麦秸熨烫平整。

4. 刮薄麦秸：使用刀片将麦秸背部的粗糙物质去除。

5. 剪丝剪型：根据自制或者购买的图纸对麦秸进行拼接、裁剪，最终达到想要的效果。

6. 贴图粘丝：将做好的麦秸工艺品用不干胶粘贴在金丝绒布上，完成作品。

【故事链接】

清朝乾隆年间，国力强盛，四海升平，万国来朝。一日，榜葛剌（孟加拉苏丹国）使者来朝，为表恭敬，特向乾隆进贡了“神兽麒麟”。看见麒麟后，乾隆龙颜大悦，当即便赏赐了榜葛剌使者，随后又让使者解开缰绳，以便更好地观看神兽跑动的姿态。谁知，神兽脱缰后竟然受惊，径直奔乾隆跑去，侍卫们有心除掉神兽，但奈何皇帝不准，众人只好掩护乾隆后退。

这时，一个宫女前来，手持一幅画作为遮挡之物，神兽蓦然止步，甚至尝试啃食画中树叶。乾隆好奇地问宫女：“此为何物？”那宫女回答说：“此物为麦秸画，来自奴婢的故乡。奴婢知道陛下今日有难，故特意带麦秸画前来搭救。”

乾隆知道宫女要劝他多行节俭，可刚要询问，宫女却不见了，只将麦秸画留在石阶之上。这画中树叶栩栩如生，令人爱不释手。后来，乾隆派出各地官员寻找，终于在潮州府发现了当地名产麦秸画。于是，乾隆钦点潮州府尹每年上贡麦秸画。至此，麦秸画便成为清宫贡品中极富传奇色彩的一件。

养

过去民间有这么一句谚语：“熬过三伏天，便是铁罗汉。”所以，夏天对人们来说是难熬的。夏至也是伏天开始的标志。具体来说，有三个物候：第一候是“温风至”，这里说的温风指的就是热风；第二候叫作“蟋蟀居宇”，也就是说此时蟋蟀多了起来，已经进屋跑到床底下去了；这第三候是“鹰始挚”，到了这个季节，连鹰都忍受不住地面燥热的温度，所以它要飞得非常高，因为越高，才越凉快。所以，这个季节无论是北方还是南方，气温普遍升高，雨水也充足了。温度高了，湿度就会变大，湿度大了以后，有些疾病就容易产生。芒种的湿热令人感觉格外难耐，让人心情不好，甚至抑郁。在这个节气也容易旧病复发。

明　仇英　园林清课图

夏至

处处闻蝉响
须知五月中

说

夏至是二十四节气中最早被确定的节气。

夏至标志着“热在三伏”的伏天开始了。夏至是一年中白昼时间最长的一天，夏至过后，白昼就一天比一天短，黑夜则一天比一天长。

“至者，极也。”这一天，太阳直射在北回归线。

数伏的开始则意味着一年中最热的时节到来了。

夏至时节，中国大部分地区的气温都比较高，而且日照相当充足。得益于此，农作物生长得很快，需要的水分也比较多。此时，长江中下游的江淮流域正值梅雨季节，所以人们的出行也颇为不便。

夏至时节原是先秦时已确定的四大节气之一（此外还有春分、秋分和冬至），后来演变为夏至节。届时会举行祭祀仪式，祈求驱灾辟邪，五谷丰登。

皇帝还会举行祭地仪式，一般由皇帝亲自或委托王公大臣主持。明清时期，祭祀土地的地方，在安定门外的地坛，仪式格外隆重。

汉族人民会在夏至时节祭祀土地，祭祀的地点或在土地庙，或在田间，贡品则有新鲜面食和时令果蔬等。夏至时节，恰逢小麦收获，人们用新打的小麦粉做成面食，也有让土地神尝新的意思。

“冬至馄饨夏至面”，这是很多地区的习俗。夏至吃面条有三层含义：一是用面条的长，来象征夏季白昼的悠长；二是预示三伏天气来临，又称“入伏面”，带来炎热中的一份清凉；三是尝新，感受丰收的喜悦，劳动的果实。而且，天气热影响食欲，夏至面种类丰富，开胃、美味，可以增加食欲。

从宋代起，每至这个节气，民间便有荷塘荡舟、赏荷、采莲、寻藕的习俗。在我国，从南至北，从东到西，全国大部分地区都可以养荷。其中，北京的圆明园和北海、杭州的曲院风荷景区、济南的大明湖、湖北的洪湖、昆明市五华山西麓的翠湖，以及扬州的瘦西湖、湖南的洞庭湖、河北的白洋淀等都是代表性景区。

夏至期间的夜晚，华夏民族还有放河灯的传统，借此缅怀逝去的先人。人们通常使用天然的长柄荷叶做盛器，并在里面点燃一根蜡烛；也有人将莲蓬挖空，点烛作灯，并沿河施放。莲蓬灯闪烁，犹如银河飘落人间。

莲还能制成佳馔，如荷叶可以熬粥，藕粉可以冲食，莲子可以入药……广东东莞以荷叶包饭，形成特别的清香，米饭呈嫩绿色，清爽宜人。

在养生方面，夏至民间宜多喝绿豆汤去火，多食酸味，可达到固表止汗的效果。

唱

鼓曲——《【夏至】夏日天长》

〔曲头〕夏日天长，绿柳成行，

池塘内荷花点点隐红妆，卧竹床，手倦抛书午梦长。〔卧牛〕

〔猫儿俏〕困人天，吟躯旺，熏风荡，日似年长。

卧北窗，宛在羲皇上。暑全忘，亦足以消夏纳凉。

诗儿一篇，酒儿一觞。琴可一张，逸兴遄飞幽情畅。
〔曲尾〕闲游避暑消永昼，窗儿外，绿荫荫，
芭蕉弄影摇〔卧牛〕摇纱帐。
向晚来，精神爽，风透罗衣阵阵生凉。

儿歌——《夏天到》

火红太阳当头照，
游泳场上好热闹。
地里庄稼长得好，
金黄的麦子点头笑。
树上知了大声叫，
塘里青蛙蹦蹦跳。
荷花扬起粉红脸，
告诉我们夏天到。

吃

面 条

面条是深受北方人民喜爱的美食，也是中华民族的传统美食。面条在中国历史悠久，且因为各地生活习俗与物产不同，而孕育出不同特色、不同风味的面条。面条的种类众多，并极广地融入人们的生活中。无论是在家常便饭还是年节庆典，人们都能看到面条的身影。

不仅中国，在日本、韩国、朝鲜等中国周边的其他国家和地区，以及欧洲、美洲等地也有吃面条的传统，只是食材和风味上有所区别。

据考古研究表明，中国早在东汉时期就已经出现了关于面条的记载，至今已有一千九百多年。最早的实物面条，是由中科院地质与地球物理研究所的科学家发现的。考古学家还在青海省民和县的喇家遗址，在被深埋在地下3米厚的沉积物中，发现了盛在一个倒扣着的密封的碗中依然清晰可见的面条。

这些古老的面条保存完整，长而细、呈黄色。科学家认为，这是发现最早面条的实物证据。这种面条由小米和高粱两种谷物做原料，即便是在冬天，要做出像这样细长的面条，也需要有灵巧娴熟的技术，它显示出相当高的食品加工和烹调技术水平。

意大利和阿拉伯国家一直在争夺面条的最早发现权，可是，意大利和阿拉伯国家食用面条的历史都只有两千年左右，可中国的面条已经有四千年的发展历史。不过，意大利面条和阿拉伯面条大多以小麦为原料，而中国的面条则主要是用谷物做成。于是有人推测，中国自古不产小麦，而是由阿拉伯国家引进，所以中国人做小麦粉面条，也与这历史有关。

关于这方面的佐证有二：

一是中国做面食见长的地区，大多为西部省份，如甘肃、陕西、山西，以后发展到河南、山东、河北、内蒙古、新疆等地。

二是在北方地区，做面食最好的民族，往往也是居住在中国西部的民族，如回族。北京地区的小吃店制作的特色饮食，也多是由回族人民制作。

面条的调味品适应广泛，可以与多种肉、蛋、蔬菜、菇类搭配，所以各地结合当地物产、风俗，发展了各具特点的面条。

北京的面条以炸酱面和打卤面为特色。炸酱以干鲜黄酱、甜面酱为原料，制作过程比较复杂。比如：干黄酱要先用酱油或料酒澥开，肉要五花肉切丁，或纯瘦肉用刀背拍成蓉，菜码要随季节进行调整，在颜色、口感或食材上体现阴阳五行的思想。

打卤面多用于祝寿、庆生等重要场合，以黄花、木耳、香菇、口蘑、五花肉等为原料，临出锅前还要用油炸出花椒的香味，泼在打好的卤的表面。

各地也有各自特色风味的面条，比如武汉的热干面、山西的刀削面、四川的担担面、河南的烩面、延吉的冷面、淮扬的阳春面……种类丰富的面条成为展示地域文化的窗口，为青少年了解家乡、热爱家乡，进而培养爱国主义情怀创造了重要条件。

面条如此深入人心，进而发展成了各地的风土习俗，成为当地的人文资源。其中包括众多的吃面讲究和礼仪。

面条的形状又长又细，细与瘦相同，所以面条有“长瘦”的谐音——长寿，这正好表达了人们对亲友生日的祝福。也有人以面相来判断人的寿命，认为人中长的人长寿，且人中长往往脸（面）长，所以才有了“面长”的吉祥寓意。

一碗面条当中隐藏着文化的传承，包含着规矩和讲究，积淀了祖先的智慧和经验，为的是让生活更加多姿多彩。一碗面条只要看浇头就可以看出吃主的口味，甚至籍贯，表现出文化的认同。

吃面条的吉祥寓意体现在食用的场合：给老人过生日吃面，是祝愿健康长寿；给婴儿办满月吃面是祝福长命百岁，顺利成长；办事吃面是图事情办得顺利；节庆吃面是为了体现龙腾虎跃的生命活力……

面条是一种非常古老的食品，同时它又蕴含了勃勃生机。这来源于面条本身的优势，特别是其中的美好祝福，吉祥如意。面条的样子使人联想到“因势顺形”，把面与生日、寿诞相结合使其成为讨口彩的最佳食品。

面条种类

中国知名面条种类繁多，其中，最耳熟能详的当属“武汉热干面”“北京炸酱面”“山西刀削面”“兰州拉面”等地方名产面食。

【武汉热干面】

热干面不同于汤面，它要事先煮熟，过冷过油再淋上调料，纤细爽滑、香浓味美、色黄油润、香而鲜美。热干面的面条爽滑筋道，酱汁由芝麻酱、香醋、辣椒油等调成，香浓味美。它的优势在于用芝麻酱调味，可以补充钙和蛋白质，但其热量较高，菜码种类少，营养不够均衡。特别是蛋白质不够，用碱水和面营养也会丧失一些。热干面需要过油，夏天食用易上火，吃时最好配以蔬菜与肉汤，以便于平衡营养。

【北京炸酱面】

传统的北京炸酱面以黄酱（包括干或湿）为主料。黄酱含有较多蛋白质和维生素B12，猪肉含较多维生素B1，因此，维生素较丰富。但要控制炸酱的用油量，且肉中脂肪要充分释放，以免油脂摄入超标。建议少用黄酱，配点甜面酱、沙茶酱或豆瓣酱，少盐且美味。炸酱面可随季节变换，不断调整菜码，如青豆、黄瓜丝、萝卜丝、笋丝、炸豆芽、香椿、小萝卜或水萝卜，营养会更好。

【山西刀削面】

刀削面起源于五六百年前的山西太原，因厚度较大，煮时营养素损失较少。

刀削面的调料可用番茄酱、肉炸酱、金针菇木耳鸡蛋卤等，还可配黄瓜丝、绿豆芽、青椒丝、胡萝卜丝等时令蔬菜，营养搭配。刀削面较硬且不易消化，老人吃时要多煮一会儿。

【兰州拉面】

拉面是甘肃兰州的特产，多以牛肉汤佐食。拉面具有“筋、韧、滑、嫩”的特点，其中的牛肉能养脾胃，同时提供动物蛋白，菜码有香菜、蒜苗、韭菜等，吃起来温热鲜香可口。

目前，兰州拉面已流行大江南北，尤其是北方广大地区。兰州拉面特别适合冬天食用。

【四川担担面】

担担面这种小吃的制作和叫卖均在一副扁担上完成，因此得名“担担面”。

担担面的调料丰富，有猪油、麻油、芝麻酱、蒜泥、辣椒、花椒面、豆芽菜等十多种；菜码却较少，且含油较多，比较油腻。在过去往往是体力劳动者喜爱的大红食品。其辛辣的特点可以帮助四川等潮湿地区人们祛湿，但在干燥地区或患有皮肤病、容易上火的人不宜常吃。

【河南烩面】

烩面是由“荤、素、汤、菜”混合而成的一种特色美食。烩面的味道主要在汤，需用上等嫩羊肉、羊骨一起炖5小时以上，再加入党参、当归、黄芪、白芷、枸杞等中药。吃时，需配以海带丝、粉条、鹌鹑蛋等。

烩面美味，但属于高热饮食，适合冬天食用。

【杭州片儿川】

杭州片儿川是杭州的传统风味小吃。杭州话多带儿化音，又因“汆”与“川”谐音，本是菜料切成片儿状，于是“片儿汆”就成了片儿川。杭州片儿川是以猪肉、笋片切片，雪菜切末作为浇头，然后用于煮面。因汤水多与北方余面类似而得名。其辅料主要是雪菜、笋片、瘦肉丝。味美且有养生之效。

【昆山奥灶面】

它是产于江苏昆山的传统面食，用青鱼、麻鸭做汤，面条为精白龙须面，最注重“五热一体，小料冲汤”。奥灶面的主要食材是青鱼、昆山大麻鸭或老鸭、鲜肉蹄髈等。奥灶面有“三烫”的特点：面烫，捞面时在沸水中过水；汤烫，配制好的面汤放在铁锅里余火焖煮；碗烫，碗洗净后放在沸水中取用。奥灶面选料讲究，味美鲜醇，适合冬天食用。

奥灶面中青鱼蛋白质含量超过鸡肉，而老鸭和蹄髈有助于滋阴。

【镇江锅盖面】

又称镇江小刀面，由竹杠反复挤压而成，用刀切成。卤汁易入味，有嚼劲。浇头由鸡蛋、葱花、食用油构成，鲜美清爽。锅盖面的辅料很特别，有八角、香叶等，适合体质偏寒者食用。需要注意的是，锅盖面用酱油和白糖较多，高血压、糖尿病患者及孕妇不宜多吃。

【延吉冷面】

酸甜劲爽的延吉冷面是朝鲜族传统食品，用料以荞麦面为主，会佐以牛肉片、辣椒、泡菜、苹果片、酱醋、鸡蛋等。

荞麦面的B族维生素和芦丁含量较高，有降血脂、软化血管、预防脑出血的作用。

荞麦面性凉，还配有清凉的酸汤，适合炎炎夏季食用。但荞麦面不易咀嚼，吃时最好慢一些，以利于消化。

玩

传统手工项目——结绳

【结绳遇见端午】

端午节，又称五月节、端阳节、龙舟节。端午节是每年农历的五月初五，是中国的四大传统节日之一，也是中国首个入选世界“非遗”的节日。

追溯端午节的由来，我们可以从春秋战国时期一窥端倪。端午节至今已有两千多年的历史，最早被认为是仲夏的开端。因为天气燥热，虫蛇繁殖，古人认为五月五日，为不吉之日，即恶日，于是人们用插菖蒲、艾叶，喝雄黄酒，拴五色丝线等最隆重最热烈的方式，来避开五毒，驱邪禳灾。而屈原这个文化符号又将粽子、赛龙舟、端午节等已有元素聚合在一起，为农历五月初五增添了新的含义，使得这个古老的节日，沿袭千年，久盛不衰。

端午节期间，民间要举办很多活动，至今我国很多乡村还有缝制香包的习俗，尤其是甘肃庆阳香包文化节更是驰名中外。老年人佩戴桃形香包，以示长寿，儿童佩戴“虎踩五毒”“小扫帚”香包，青年男女佩戴“十二生肖”等香包。香包内一般装有辛夷、苍术、白芷、香蒿等芳香性中草药，可散发出浓郁的香气，具有去瘴、驱虫之功效，其香味可延续数日不散，这实则是古人在实际生活中创造出的一种原始防疫科学，具有一定的医疗保健价值。近年来，人们更是把一些具有防感冒功效的草药缝进了香包里。

缂丝荷花香囊

【制作工艺】

五彩丝线

端午节有一种习俗就是拴五色丝。五色丝古时又称“长命缕”“续命缕”“百索”“五彩神符”等。中国古人崇尚五色，认为这是吉祥色，五色丝的颜色为青、红、白、黑、黄，代表东、南、西、北、中。人们认为像丝线一样看起来不起眼的小物件却蕴含着五方神力，能够驱邪降魔。端午节拴五彩丝的习俗从汉代一直延续至今。旧时，农历五月初五的清晨，各家的主妇起床后的第一件事便是在孩子的手腕、脚腕，甚至脖子上都拴上五彩丝，平时不摘下，只有到了端午节后下第一场雨时才摘下扔到河里，寓意着让河水将瘟疫及疾病冲走，孩子由此保安康。五色丝还可挂在床帐或摇篮、门楣等处。也有敬献给老人，以求辟邪除祟，保佑安康，益寿延年的寓意。

五彩线缠粽子

每到端午节来临之际，还有一项重要活动，就是用五彩线缠粽子。下面就简单介绍一下制作流程。

准备材料：

硬纸、金纸、各色丝线、小珠子、流苏、乳胶、剪刀、尺子、铅笔、锥子、长针、胶带等。

制作步骤：

1. 取硬纸板纸条一根，长是宽的8倍，比如宽5厘米，长40厘米。每隔5厘米折出折痕，共折出8个方格。按图中虚线部分折叠。

2. 按折痕进行折叠，第8个方格剪去半个三角，插入旁边的缝中。

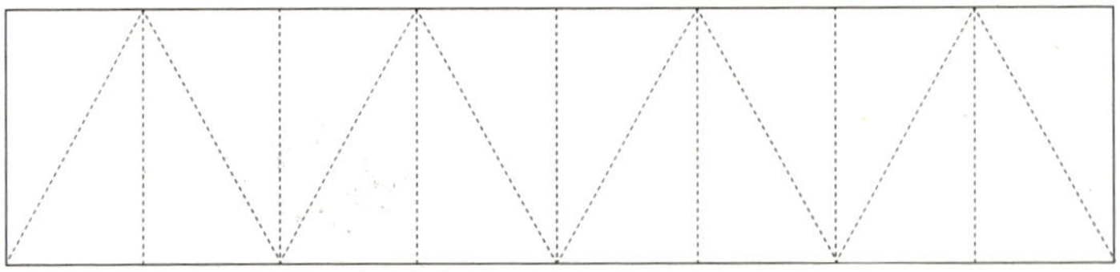

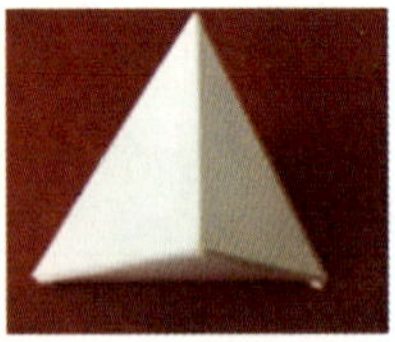

3. 用金纸将5个角包住后开始缠线。

第一步：线头用胶带固定后开始，依次绕线。

第二步：线头从左向右。

第三步：再从右向上，依次做下去。

注意结束时要藏好线头。取一个盘长结，穿入彩粽，装上珠子和流苏，一个小挂饰就做好了。

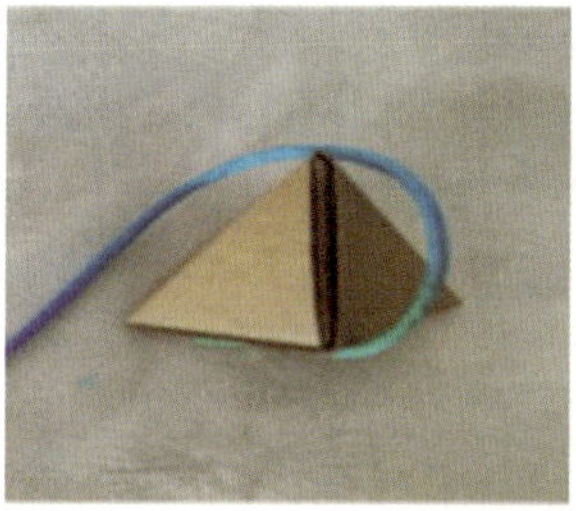

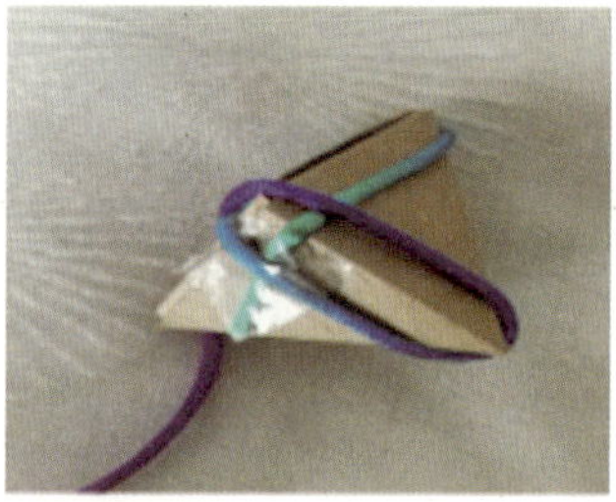

小暑

不怕南风热，能迎小暑开

说

小暑的“暑”字是一个象形字，仿佛一个人在烈日当空之际当院站着，头上就像顶着一个大太阳，其炎热程度可想而知。因为后面还有一个大暑，所以此时还不算最热的节气。

炎热到什么程度呢？此时的最低气温也在25℃左右。这时，昼夜温差不大，深夜也难有一丝清凉，人在一天24小时当中，一直处于溽热状态，动不动就脖子汗流，一天也难有干爽的时候，以致吃不好、睡不好，一天下来总是昏昏沉沉的，情绪受到很大影响。

可见，暑就是炎热，且东西南北差不多，但此时仅仅是极端炎热天气的开始，真正炎热的节气还在后边呢。

此时，农民正在忙着追肥、防虫害、抗旱或防洪，田间一片繁忙。大家还会举办虫王节，祈求人畜平安、生产丰收；祭祀虫王神，驱虫，避免蝗虫危害。

俗话说“头伏饺子二伏面”，有的地方是吃一些节令食品，如用藕做的小吃、菜肴和粥类等。藕富含碳水化合物，也含有丰富的钙、磷、铁和多种维生素，可以补充人体所需的多种营养，也有清热、养血、除烦等功效。

在农历六月初六这一天，各地纷纷开展丰富的民俗活动，来追求与自然和谐相处的美好生活。

甘肃、青海、宁夏等地的土、回、东乡、撒拉、保安等民族，会在六月六举行“花儿会”，通过对歌、独唱等形式，即兴编歌，赞颂美好生活、民族团结，增强战胜困难的信心。

六月六又称“盘古节”，是布依族的重大节日。这天人们要吃糯米饭、包粽子、祭祖先。早在宋代，六月六就被定为节日，称天贶节。它的流传，还在于它与民众生活的紧密联系。由于这一节气的高温高湿，所以生产、生活用品易生虫发霉。因此，在这一天人们要把家里的粮食、衣物、书籍、字画等一些易生虫长毛的东西都拿出来晒一晒。

寺庙也会把珍藏的经书、法器、佛像等搬到院子里来晒。信众手翻经书，边翻边诵，既晾晒了经书，也弘扬了佛法。所以天贶节又称晒宝节，家庭、寺庙的宝物在此时得以一展风采。

有些文人还专门袒胸露乳，在太阳下晾晒，借此显示自己满腹经纶，一肚子的学问。

民间也有天贶节吃面的传统，用小麦、玉米、大麦、谷类等材料做面，再用六种青菜拌面，来对应六月六，体现不怕苦难及对美好生活的追求。

唱

鼓曲——《【小暑】绿树耸千嶂》

绿树耸千嶂，浓荫翳画廊，熏风阵阵，

酷暑难当，何处能消夏日长。〔过板〕

唯爱这三间斗室，四面幽篁。

明窗净几十分雅，清簟疏帘意味凉。

弹琴复长啸，醉月更飞觞。

雪藕调冰消永昼，浮瓜沉李傍方塘。
书卷闲功课，棋声小战场，座中无热客，天上驻斜阳。
于此间畅叙幽情〔卧牛〕浅斟低唱，逸兴遄飞出草堂，
凭栏十里芰荷香，采莲女子归来晚，惊起湖心鹭一行。

儿歌——《生吃瓜果要洗净》

西红柿，大黄瓜，
弟弟看着笑哈哈；
伸出小手就要拿，
妈妈一旁说了话：
“讲卫生，防疾病，
生吃瓜果要洗净！”

“夏”字的本意就是生长、壮大的意思。夏天高温、多雨，对农作物生长有利，小朋友们在夏天也长得快呢！

诗词——《新晴野望》

［唐］王　维

新晴原野旷，极目无氛垢。
郭门临渡头，村树连溪口。
白水明田外，碧峰出山后。
农月无闲人，倾家事南亩。

诗意：雨后初晴，放眼远眺田野，只觉得视野开阔，看不到半点尘埃雾气。外城的门楼紧紧地靠着摆渡的码头，而村边的绿树，连接着溪流的入河口，流水在阳光下熠熠生辉，苍茫青翠的山峰层峦叠嶂，在农忙季节没有游手好闲的人，农民们都是全家出动，在田野间忙碌干活。

吃

凉　粉

凉粉是一种以淀粉类植物为原料加工而成的大众食品。全国各地都有淀粉类植物生长，所以凉粉存在于大江南北，食用广泛。但各地物产、气候、风俗各异，所以凉粉口味也各异。如四川偏辣，江南偏甜，北京则用芝麻酱为作料，配上醋、蒜，鲜香爽滑，适于夏季食用。

夏至过后进入伏天，进入小暑后溽热加重，此时来一碗凉粉，正好利于消暑纳凉。

做凉粉的原料大多为绿豆淀粉，清热解毒。再加上醋、蒜、黄瓜丝，更加丰富了口感。

下面介绍一种绿豆凉粉的做法。

一、原料：

绿豆淀粉、水、芝麻酱、醋、蒜、盐、黄瓜丝、辣椒油、香油、白矾。

二、做法：

1. 准备一个量杯，取二分之一杯的绿豆淀粉放入锅中，再取三量杯凉水放入锅中，绿豆淀粉和凉水的比例约为1∶6。

2. 将淀粉和凉水搅成水淀粉后，再加入少许白矾，一边加热，一边不停地搅动，等到锅里的混合物全部变得透明后关火。

3. 将加热后的呈透明糊状的混合物放置在容器中，等慢慢冷却后，将其从容器中取出。若是想凉得快一些，可以放到冰箱的冷藏柜里，凉后拿出。

4. 把冷却好的凉粉扣在案板上，切成块或条、丝放在碗里。拌上蒜、芝麻酱、香油、盐、醋、辣椒油，搅匀后装盘上桌。

茯苓饼

茯苓饼，又名“茯苓夹饼”，是北京的特产小吃，也是有名的滋补性传统糕点。因茯苓饼皮薄如纸、颜色雪白，且中间夹有中药茯苓，故得其名。茯苓饼采用高级淀粉烙制而成，夹心则精选了多种果仁，最后辅以桂花、蜂蜜、白糖，使其更加香甜味美。茯苓饼清爽适口，入口即化，且价格低廉，可作为经常食用的保健食品。

一、原料：

茯苓细粉、米粉、白糖、桂花。

二、功效：

安神、益脾、祛湿、利水、滋阴补阳。

三、种类：

1. 传统型茯苓夹饼：由茯苓、花生、芝麻、蜂蜜等制成，具有补脑、健脑的功效。

2. 儿童型茯苓夹饼：由茯苓和桃、杏、可可、橘子、荔枝、菠萝等水果制成。其突出特点是果味浓郁，营养丰富，低糖且不易蛀牙。

3. 果仁型茯苓夹饼：在传统型茯苓夹饼的基础上，加入杏仁、核桃、花生、松仁等各种果仁制成，保留了果仁特有的营养和风味。

4. 营养型茯苓夹饼：在传统型茯苓夹饼的基础上，加入蔬菜营养成分排名前十位的胡萝卜、南瓜、芋头、山药、西红柿等制成，是繁忙工作中补充维生素和微量元素的首选佳品。

玩

【割席草】

民间认为小暑前后是割席草的最佳时机。割席草以小暑为界，小暑前收割的席草比较轻软，而小暑后收割的席草更加硬、重。长得好的席草从草尖儿一直绿到根部，且粗细均匀挺拔。割席草时需看好天气，当天凌晨两三点钟就要开始着手收割了，一直到七八点钟，席草要全部摊开晒好。一般天气好的话，两天就可以晒好，晒干后整理成捆，并用稻草覆盖收藏备用。

【认识草编】

草编是中国传统工艺品，也是利用各种柔韧草本植物为原料加工编制而成的民间手工艺品，具有丰厚的文化底蕴和文化积淀。草编不仅具有审美价值，也具有一定的经济价值。2008年，草编入选第二批国家级非物质文化遗产名录。

如今，中国可考证的最早的草编遗物是由河姆渡人制作而成，距今已有约七千年的历史。而且，根据《礼记》的相关记载，早在周朝时期，中国就已经出现了专业的“草工”，并出现了蒲草编制的莞席。春秋战国时期到秦汉时期，草编工艺在民间广泛流传，无论是身上穿的斗笠、草鞋，还是平时用的草席、草扇、草帘、蒲团，都是古人生活不可或缺的必备品。汉代至盛唐时期草编也十分常见，除了上述草编外，这一时期还出现了蒲草编制的蒲衣、蒲鞋，以及蒲草编制的蒲帆等。

【制作草编蚱蜢】

（一）准备

将制作草编蚱蜢的叶子对折，让叶子的正面在内，反面在外。从叶子的尾端量起，到约两个手掌的长度做记号。在叶子的前端用牙签将叶梗与叶片分离，接着把后半部叶梗与叶片剥开，剥至做记号处为止，将分离出的叶梗折成适当大小，其余部分夹入约两个手掌长的叶片处。

（二）编结

将右半部的叶片，绕过叶梗，形成右边第一个半结。左半边按同一步骤绕过叶梗，形成左边第一个半结。依照相同步骤在右边再打上一个半结，在左边再打上一个半结。就这样按照顺序一右一左做十次完成蚱蜢的身体。留下一段叶子，用牙签分开叶子和梗，所留的叶子穿过叶梗，蚱蜢的触须完成。

（三）修饰

编好的草蜢需要修剪触须和尾端的长度，并做一些修饰的裁剪。先将其中一根叶梗剪成适当大小，穿入蚱蜢身体中以固定身躯。剪下一部分刚分离的叶片插入身体的两侧，完成蚱蜢翅膀的部分。剪掉剩余的叶梗，折成三等份插入身体中，完成了蚱蜢的腿。至此，草编蚱蜢就完成了！

【北京草编】

传统的北京草编主要是采用本地常见的马莲和蒲草来制作，因此草编艺人也被称为“编马莲的”，关于北京草编的文字记载较少，北京草编的技艺几乎全都散落在民间，北京草编的历史，全都零星地记录在老艺人的脑子里。裕氏草

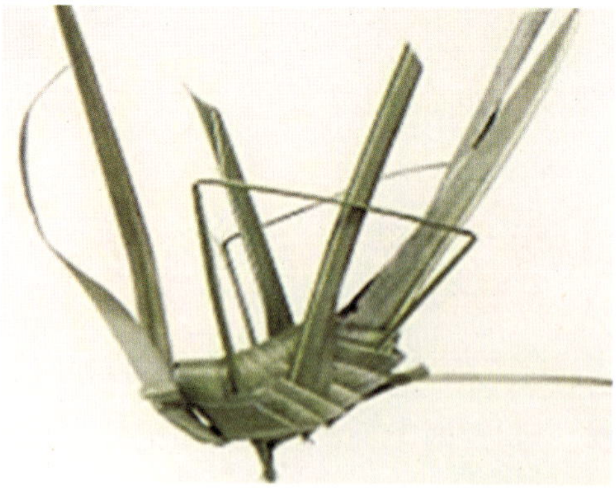

草编蚱蜢

第一天穿草鞋

编的主要原料是棕榈树叶，大多取自距离湖南长沙375千米的一个半圆形的原始森林，运回北京后，经过特殊的工艺加工而成。部分材料来自晾干后的鲜马莲叶，在北京就地取材即可。使用马莲叶需用热开水提前泡好，如此一来，马莲叶编织的作品能够经年不坏，便于长期收藏。

养

防暑降温是这个时间养生保健的一个重点。此时天气变得非常热，地面非常潮湿。对体质弱的人，特别是老年人来说，夏天补钙也是一个值得说的话题。因为人会排汗，无机盐排得比较多，其实更重要

苏堤消夏图

的是钙的流失。钙流失以后，人就会食欲不振。有时候还会造成胆固醇不易被分解。胆固醇附着在血管壁上，血管窄了，所以血流不畅，容易造成心血管疾病。所以对中老年人或者体质弱的人，夏季补钙十分重要。怎么来预防呢？有人提出吃南瓜子、葵花子。这两种瓜子具有补钙效果，因为它们含有蛋白质、维生素、亚油酸，而这些正好对上面所说的疾病有调理作用。

大暑

炎蒸乃如许

那更惜分阴

说

大暑，相对于小暑而言，溽热程度大幅度提高。同时，雨水的量级、频率也明显加大，所以民间有“小暑大暑淹死老鼠”之说。

大暑也是夏天最后一个节气。尽管离秋凉还有相当的距离，但毕竟让人看到了希望，有盼头了。

对于农家来说，大暑时节尤其要注意的就是暴雨侵袭。人们既要预防洪涝灾害，又要做好抗旱保收的准备。

大暑节气，最突出的特点就是高热，此时是一年中最热的时节。这样的天气，给人们的生产、生活都带来很多麻烦。为此，民间举行“送大暑船”仪式，以求平安度夏。

这一习俗起源于清同治年间，在江浙，特别是台州最为隆重。

由于天气炎热，所以台州一带此时往往瘟疫流行。于是，人们在乡间建庙，祭祀五位凶神，希望借助他们的神力，可以祛病消灾，保一方平安。

大暑船上设有神龛，内供凶神，外放鱼、肉、米、酒等食物，还有被褥、桌椅等生活用品。

大暑节气到来之际，大暑船制作完成。送走之前，先要宴请和尚做法事，并奉送礼品。驶出江口后，人们任大暑船趁落日之机，渐渐远去，直到消失，象征大吉大利。放船时，众人双手捧香，齐诵法号，场面肃穆、庄严。

尽管如此，人们还是希望大暑节气期间，天气该热还得热，否则庄稼会歉收，并且还要下雨，以使水稻在生长期得到充分的水分。

人也如此，热天时人们会通过出汗的方式，排出体内的湿邪与热毒，这样一来人也可以变得精神些。出汗还能调动全身血液，改善循环，控制血压，促进睡眠，提高免疫力。

同时，民间还有许多夏季进补，适当补充体力的食疗方法。比如，为了弥补因出汗多造成的手脚无力，疲劳不堪，可以饮用淡盐水，补充流失的钠成分，饮用茶水补充钾元素，也可以选择一些豆类，或者含钾多的蔬菜，如香菜、芹菜、香苣，也可选择玉米、红薯、牛奶、鸡肉、黄鱼等。

纳凉，应该少用空调、电扇，多用扇子。这样可以自由调节风速、风力，而且建议双手轮流拿扇子。这样不仅受凉均匀，而且可以使手指、手腕和关节肌肉运动协调，甚至锻炼关节更灵活，调节身体的血液循环。让血管灵活收缩扩张，左右大脑都得到锻炼。

闻一多写过一首新诗，题目就叫《大暑》。写的就是此时家乡的丝瓜已爬上树，小葫芦吊在藤蔓上随风震颤，是一年之中回家收获的季节了，以了却思乡心切。

唱

鼓曲——《【大暑】三伏暑罢》

三伏暑罢，收罢桑麻，冷露无声湿桂花。

金风儿阵阵刮，飘零败叶卷黄沙，

寒虫催冷，叫得声乏。〔过板〕

三径荒芜梧桐老，溪河内，睡寒鸭，

云雾里，雁声发，菊有黄花色更佳。

蟋蟀频频叫，懒妇苦无暇，似这等凄凉景况，万物凋零〔卧牛〕添愁多牵挂。

枫林失万翠，霜叶点朱砂，更有那，

高明杰士佳朋良友登山觅酒家，只往白云深处去，远观寒山石径斜。

儿歌——《小青蛙》

小青蛙，
呱呱呱，
住在田里唱山歌；
捉害虫，
真叫多，
谷子满仓米满箩。

青蛙可以吃害虫，保护庄稼，是人类的好朋友。

诗词——《采莲词》

［唐］张　潮

朝出沙头日正红，
晚来云起半江中。
赖逢邻女曾相识，
并著莲舟不畏风。

诗意：早上江上日出，天气晴好，驾着小船出去采莲，傍晚回来时，江面上风起云涌，有要翻船的危险，幸亏遇见邻居家的女子，将两只小船相并连接起来，就不怕风浪了。

青蛙水草

吃

羊杂汤

又叫羊杂碎汤，由羊肚、羊肝、羊肺、羊肠等原料，配以姜、醋、胡椒粉等作料煮成，汤呈白色，还可加入羊骨，盛起时撒些香菜。

羊杂汤是一道名优小吃。羊肉性温，冬至食用可以增加热量，抵御寒冷，而且还能增加消化酶帮助消化，抗衰老，对肺结核、气管炎、哮喘、贫血、产后气血虚等虚寒病症均有裨益。大暑节气吃羊杂汤民间认为有补阳气的作用。

羊杂汤的制作方法：

一、原料：

羊头肉800克、羊肺50克、羊肥肠（大肠）50克、羊心50克、羊肚50克、香菜100克。

二、调料：大葱60克、姜30克、大蒜（白皮）50克、盐15克、味精3克、胡椒粉1克、料酒25克、醋15克。

三、做法：

1. 将羊头、羊肚等清理干净放入锅中，加水没过食材，加入煮肉料。

2. 大火煮开后转小火，慢炖40分钟。

3. 羊肺事先做熟，肺切片后再清洗几遍。

4. 锅中盛入炖好的汤，放入盐和胡椒粉。

5. 把羊头肉切片，羊肚切丝，和汆好的羊肺一起放入汤中。

6. 煮开2分钟即可关火。

7. 盛入碗中时加一点葱末与香菜。

玩

传统手工项目——团扇

【团扇与大暑】

大暑，有“一年中最热的节气”之称。此时，“湿热交蒸”的状态达到了顶点。在中国不少地区，都会在大暑时节出现40℃以上的高温天气。而大暑节气正值“三伏天”里的“中伏”前后，这个时期人们最离不开的便是扇子。扇子是引风用品，也是夏季必备之物。不过，宋朝之前的扇子，绝大部分都是团扇。

【认识团扇】

团扇，又有“宫扇”“罗扇”“纨扇”“绢宫扇”之称，是中国传统工艺品。团扇指的是一种圆形有柄的扇子，因其形似圆月，且宫中多用之，故得名团扇。扇子最早出现在商代，当时，人们使用五光十色的野鸡毛制成扇子，又叫“障扇”。最初，扇子并不是用来扇风取凉的，它是为帝王外出巡视时遮阳挡风避沙之用。西汉以后，扇子逐渐开始被用来取凉。

团扇边框及柄大多是竹制的，扇面使用丝绢，上绣山水楼台、草虫花鸟等。早

期的团扇多为圆形，后来逐渐演化出长圆、扁圆、梅花、葵花、海棠等样式。团扇精巧雅致，具有很高的美学欣赏价值。自汉代至北宋时期，人们使用的大多为纨扇。其中，以四川及苏杭地区的纨扇制作最精，历史也最为悠久。

宫廷团扇（作者：梁季兰）

【走近团扇】

团扇，它出现于羽扇之后、折扇以前。团扇系中国的发明，而后传入日本。中国传统扇文化有着深厚的文化底蕴，是中华民族文化的一个组成部分。

中国自古便有“制扇王国”之称，团扇与道教文化、儒家文化和竹文化也紧密相连。扇子主要材料是：竹、木、纸、扇、象牙、玳瑁、翡翠、飞禽翎毛。棕榈叶、槟榔叶、麦秆、蒲草等也能编制成千姿百态的日用工艺扇，造型优美，构造精制，经能工巧匠精心镂、雕、烫、钻，或名人挥毫题诗作画，使扇子身价百倍。在扇子上题诗作画第一次出现于三国。唐代张彦远的《历代名画记》载有曹孟德的主簿杨修与魏太祖“画扇误点成蝇”的故事。《晋书·王羲之传》也有一则王羲之为老妇题扇的佳话。

【制作团扇】

1. 制柄、合框。

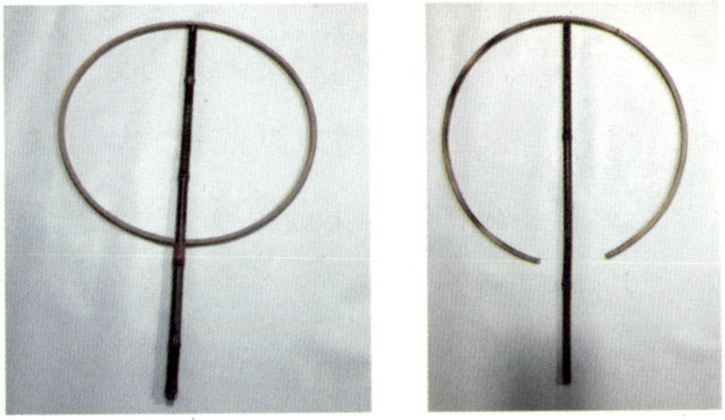

2. 设计扇面。

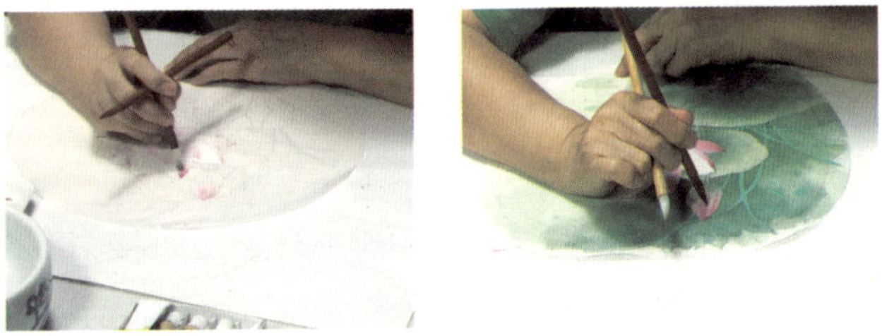

3. 制扇面、包边。

养

过去，老北京人在避暑方面都有一些小窍门。比如四合院里都有一个庭院，人们会在院子里搭一个天棚，天棚可以撑开，也可以卷起来。有雨的时候，天棚可以挡雨；没雨的时候，天棚可以遮阳，非常实用。而且，四合院是砖地，所以人们在搭天棚时有一定的讲究，不能把地上的砖起掉，一定要平地起架子。不过，随着人们生活水平的不断提高，搭天棚的行业也逐渐消失了。

老北京人还有一个避暑的好办法，那就是用窗纱。过去，四合院的窗户是木结构的，冬天要糊窗户纸取暖。到了夏天，人们会把窗户纸去掉，改用一种很薄的、网眼很大的粗布糊窗。风经过过滤，缓缓吹进房间，十分凉爽。同时，人们还会在里屋放置一个高粱纸做的卷帘，需要通风时就卷起来，不需要通风时就落下，十分便利。

当然，人们还会用冰解暑。当时，冰不是什么奢侈品，尤其是一些碎冰，那价格就更加便宜了。老北京的富贵人家，他们会提早跟冰窖订冰，然后把一大块冰放在屋子中间，让凉气冉冉升起。而普通人家，则使用一些碎冰解暑，实在不行，就用一些藿香正气来祛暑。

说到“以冰降温”，就不能不提老北京人“以热降热”的办法。在大暑时节，人们会用热毛巾擦脸、洗热水澡、喝热茶的方式来排汗，这样反而能让身体凉下来。不过，要注意的是千万不能一次性喝大量的水，因为喝水太多反而会把身体内的一些元素稀释冲走，造成负面影响。夏天来临，人们可以在早上喝一杯淡盐水，然后少量多次地喝水，这样既能排汗，又能防止身体缺水，一举两得。

有人问了，那小孩或很胖的人怎么办呢？他们会不会起痱子、中暑呢？也不会。当时，人们会用新鲜的马齿苋草，加500克地肤子冰片，再加10克白矾熬成水，然后用这种药水去擦身上易长痱子的地方，每次擦15分钟，一天擦三次，可以起到很好的预防作用。即便是起了痱子，这个办法也能把痱子有效祛除。

大暑节气，一些人难免患上脚气病，老北京人也有个治疗脚气的好办法，那就是用150克橘子皮加1000毫升水煮开，然后把橘子皮水晾凉后洗脚，每天洗两次，两三天就能见效。还有一种用煮熟的红小豆涂抹脚部治疗脚气的方法，也是民间常用的偏方，对于不太严重的脚气来说，这两种方法都是非常有效的。

骊山避暑图

本草圖譜

冷秋

立秋

云天收夏色，木叶动秋声

说

经过溽暑的煎熬，终于迎来了立秋节气。

“秋”是一个象形字，粮食用火烤或煮，结果必然是熟。所以，“秋”之意就是成熟、收获、丰收的意思。

“立”则是建立、开始。立秋表明秋天的到来。不过，这个开始更具象征意义，未必天气真的凉爽起来。不然，立秋后为何还有一个“处暑”节气呢？所以立秋后，多数地方未入秋，仍然处于炎夏之中。

但是总的趋势是天气逐渐凉爽，而且早晚多少有了一丝凉意。田野里的水稻逐渐饱满起来，自春天开始的辛苦劳作看到了希望，禾熟立秋。

秋天的到来，标志着溽热的结束，秋凉不远了。民间在此期间会过一个大节，就是七夕节。当今，时尚的过法是把七夕过成情人节，成为情人交往的重要时间。但是在早年间却真的不是这么个过法。

因为七夕传说的主角——牛郎和织女，已不是情人关系，而是夫妻，而且还有了一子一女。况且这一天是地上的牛郎迎接天上的织女下凡。织女来自天上，自然背景不凡，具有至高无上的高贵地位。如果地上的是凡人，那么天上的女子就是天仙！这种地位谁能比？何况，这不是一般的仙女，而是专门负责织布的仙女——织女。如此强调仙女的职业特点，表达了对织女的劳动成果——布料、衣服的祈盼。因为自秋凉开始，保暖的夹衣棉衣，是一家人过冬的保障。

尤其是在自给自足的农业社会，衣食都来自一家人的劳作，而非市场上的交换。所以女主人心灵手巧，才能保障一家人的保暖之需。因此，织女出现了，且从天而降，你说她的身份、地位有多重要！

而且，从天象来看，七夕之际，牛郎星和织女星正好出现于银河两侧，形成二者相会的场面，增添了夫妻团圆的喜庆。

七夕节以“乞巧”为主题，正是对妇女心灵手巧的祈盼和赞美。乞巧的内容，包括拜巧秋（织布）仪式，制作巧果（一种精美的茶食）和比赛做针线活儿等。

在有些地方（比如北京、济南、惠民等地）乞巧活动是把瓜果陈列盘中，任由蜘蛛结网，以此表示乞得之巧。

有的地方妇女们聚在一起吃水饺，吃到馅中有铜钱或红枣者会交好运。

立秋了，民间还有贴秋膘、摸秋、咬秋、祓秋等习俗。

清 佚名 七夕佳节图

唱

鼓曲——【立秋】清荫暑气收

清荫暑气收，无计遣新愁。
风吹桐院半帘雨，水满池塘小舟浮。〔过板〕
蝶梦方酣花弄影，蝉声远噪游〔卧牛〕游客惊秋。
长堤绿柳随风舞，曲岸青萍逐水流。

儿歌——《喂小羊》

秋风凉，
树叶黄，
片片树叶掉路旁。
小伙伴，
背起筐，
捡筐树叶喂小羊。

诗词——《悯农二首》（其一）

［唐］李　绅

春种一粒粟，
秋收万颗子。
四海无闲田，
农夫犹饿死。

诗意：春天播种一粒小米，秋天收获万颗小米，四海之内，没有荒闲的田地，农民还是要饿死。

诗人在诗中描述了农民辛勤地劳动，获得丰收，但仍然摆脱不了饿死的悲惨命运。

吃

酱肘子

酱肘子是一道卤味肉食。其特点是不光有肉香，还有酱香，口感较丰富。因为它不仅有肉，还有皮筋等。它营养丰富、色香味俱全，酥烂香醇。北京天福号的酱肘子远近闻名，是京城酱肘子的代表。

在重要节气、节日，如春节、立春、立秋、大寒等，酱肘子都是人们改善生活的首选，适合人们进补时选用。

下面介绍一种适合家庭制作酱肘子的方法。

一、原料：

猪后肘一只、大葱半根、姜片4片、花椒20粒、八角4粒、桂皮1小块、香叶3片、小茴香20粒、黄豆酱4匙、生抽2匙、冰糖10粒、料酒1匙。

二、做法：

1. 将肘子一侧割开取出大骨，冲洗干净。

2. 用2匙黄豆酱将肘子内外两面涂抹均匀入味，腌制至少2小时。

3. 锅内烧开水，将腌好的肘子肉放入水中烧开，捞起备用。

4. 锅内放植物油，将冰糖倒入，小火熬成红褐色的糖色。

5. 放入2匙黄豆酱翻炒几下，再放入葱、姜、八角（2粒）、花椒（10粒）、香叶（2片）和小茴香炒出香味。

6. 将酱肘子放入锅中，加生抽、水（水

量刚没过肘子）。

7. 大火烧开后，转中小火盖煮30分钟，关火。

8. 将锅中的原汁倒入砂锅中，再放入捆绑好的肘子，将剩下的2粒八角、1片香叶、10粒花椒倒入砂锅中，水开后小火50至60分钟关火。

9. 将肘子捞出稍微晾一下，放入冰箱冷藏冷透，取出肘子切薄片入盘上桌。

玩

面塑项目

【面塑遇见立秋】

《东京梦华录》有言："乃告祖秋成之意。"也就是说，农历七月十五祭祖的本意，是一种祈望丰收的愿望。农历七月十五是中国传统的"鬼节"，可是发展至今，这个节日已经变成人与人的祝福和情感交融的节日。

在节日的前几天，乡村里的巧妇们便三五成群聚在一起，她们发好精白面，搓、捻、剪、压、扎、挑……就这样，一个个面塑就从巧妇们的手下蹦出来了。

面塑有活灵活现的兔子、威风凛凛的猛虎、和善可爱的绵羊、憨态可掬的小狗，以及象征丰收的食物。这些面塑身上被施之于智慧，注之于情爱。面塑做好后上锅急火蒸出，一个个白白胖胖、鲜嫩灵活、娇态可掬，然后点施丹青，打扮齐整，便成为馈赠亲友的礼品。

【认识面塑】

面塑，俗称"面花""礼馍""花糕""面人"，主料是糯米粉或精面粉，人们以此捏塑动物、人物形象，是中国民间传统手工技艺。简单来说，面塑就是用面粉加彩后，捏成的各种小型人物与事物。面塑上手快，只需掌握"一印、二捏、三镶、四滚"等技法即可，但要做到形神兼备却并非易事。

面塑艺术具有颜色丰富、造型优美、体积小巧、成本低廉等特点，它历史悠久、技艺精湛、流传广泛，一件小小的面塑艺术品能够积淀深厚的民间记忆、民间文化和民俗知识，具有很高的观赏价值、收藏价值和文化价值。

【面塑的历史沿革】

面塑起源于汉代，其最早的功用是做祭品。根据宋代文人高承所著的《事物纪原》一书，我们可知面塑最早是从馒头演变而来的。《事物纪原》记载，诸葛亮征孟获时，有人说蛮人多会邪术，必须用人头祭神，借阴兵相助方能成功。诸葛亮便用面团包着牛、羊、猪肉做成了人头形状用来祭神，从此就有了馒头。

唐代时期，中国已有用面花作为祭祀供品之俗；到宋代时，面花艺术发展更为兴盛；明代时，中国民间制作各种面花在当时颇为流行，人们用米面裹馅搓成面团，再利用形状不同的模具扣制出各种各样的面花，这种方法今天仍在使用；清代时，用印花模具制作面点的方法有了许多实物可考，比如过年时的“如意糕”、婚礼时的“龙凤喜饼”“鸳鸯饼”、端午节的“五毒饼”、中秋祭月的“暗八仙”“八宝”“玉兔捣药”月饼，都极为常见。

明代的面塑逐渐脱离食用，演变成单纯的艺术形式而独立存在。一些身背工具箱、四处奔波的面塑艺人出现在繁华闹市，以此为生计，进一步促进了艺术水平的提高。清末，在北京还出现了专门制作面人的艺人。这种面人更多是作为孩童玩耍的玩具和可供人们观赏的工艺品出售。其中，以北京的“面人汤”汤子博，以及“面人郎”郎绍安最为著名。

近代，面塑的内容和形式受文人艺术的影响而不断出新，其艺术魅力也同样受到上流社会的喜爱。这些王公贵胄不惜用重金订购，或做贺礼馈赠亲朋，或做陈设摆放自家案头。从此，面塑由街头转向登堂入室，身价倍增，其整体水平也产生质的飞跃，表现手段和表现技巧日臻成熟完善。

现代面塑艺术以它绝美的身姿备受世人青睐，使得它成为一种出于俗而脱于俗的朴素文化。

【制作流程——面塑迎秋】

秋天是落叶的金黄，秋天是丰收的麦场，秋天是树枝上沉甸甸的果实们满足的微笑，秋天是我们心中的灿烂，一担一担黄金子，喜上眉头晚归来。丰收的喜悦也感染到孩童们，伸出双手拥抱丰收——《听南瓜》。

1. 准备材料：

各种颜色的面泥、竹签。

2. 制作流程如图：

养

对想要预防和治疗心血管疾病的朋友来说，立秋时节显得尤其重要。在这一节气中，人们要多喝点红茶、牛奶、咖啡等饮品暖胃，同时补充身体所需的微量元素和维生素。

在这个时节，人们要多吃一些酸的、温润的食物来养肺，比如蜂蜜、卤品、木耳、银耳、芝麻、百合、藕等，都是很适合立秋前后食用的食品，尤其是藕，对润肺有非常好的效果。从营养学上看，蒸熟或煮熟的藕营养价值更高一些，也更加卫生。除了上述食物外，水果也是立秋时节应该多食用的食物。秋天是一个收获的季节，酸甜是水果普遍具备的特点，多吃水果能补充水分，滋润身心。

在饮食之外，人们还要多注意起居。

到了立秋，我们就应从晚睡早起过渡到早睡早起，同时要适当地“秋冻”，不要稍微有点凉意，就把秋冬的厚衣服都穿上。“秋冻”的主要目的是宣泄夏季给人体带来的内热，同时提高人们抵抗寒冬的能力。如果秋天刚到就捂得非常严实，那人们冬天适应寒冷的能力就会非常差，还有可能患上感冒。

运动也是非常必要的。立秋时节，我们应该多进行一些户外活动，比如登山。秋天，山峦可远视的透明度比较好，站在山顶上远望群山，情操能得到陶冶，是一种非常好的运动方式。另外在登山的过程当中，与心血管系统、消化系统、神经系统有关的五脏六腑内外都得到调适，实在是非常好的锻炼形式。与登山有异曲同工之妙的户外运动是郊游，所谓郊游，就是要离开喧闹的城市，到一个相对安静，树木成林的郊外去。因为树林里负氧离子含量非常高，所以郊游也是一种很好的锻炼方式。

茶铺

茶摊

茶馆

卖茶人

处暑

离离暑云散
袅袅凉风起

说

处暑是一个反映气温变化的节气。

“处”是躲藏、终止的意思。此时正值出伏，火热天气逐渐结束。

处暑是温度下降的转折点。但往往此时溽热并未完全退去，所以白天，特别是中午，还有些暑气难耐，只是晚上有了些凉意。

民间有“秋老虎”或“秋后还一伏”之说。

处暑是秋天的第二个节气，秋天成熟、收获的特点逐渐显露，春天种下的农作物开始成熟。

春华秋实的长久轮回，强化了种子与果实的因果关系，培育了炎黄子孙慎终追远的情感，并成为民族文化的优秀传统。

由此，产生了中华民族的孝亲节——中元节。中元节产生的一个根源，来自道家。“中元”之名起于北魏，传说这一天是地官的生日，所以这一天地官负责把守的阴间放假，先人魂灵会顺着水流，从阴间回到阳间。活在阳间的家人要到水边放河灯为回家的亡灵照路，一家人重新团圆，好梦成真。闪烁的灯火，仿佛在固执地表达着一个心愿：亲人啊，看到为您指路的河灯了吗？快快回来吧，一家人都盼望着和您团聚。

南华秋水

此时，正赶上十五的月亮最圆，为阴阳两隔的一家人团聚，营造了温馨、亲切的气氛。天上一轮明月又大又圆，水里的月影也一样。只是随着水波的涌动飘忽不定，增加了一些不确定性。放河灯也增添了对活人的祝福，广泛流传在全国的广大地区。

中元节到了宋代开始盛行，人们传承以家族为单位的祭祖习俗，在今天的乡村之中仍很流行。

佛教传入中国，也给原本的道教节日加入了孝道的内容，称为盂兰盆节。关于此有一个动人的故事——《目连救母》，并列为《大藏经》的内容。这为中元节增添了文化内涵，也把七月十五用盂兰盆会盛珍果素斋，供奉先人的习俗神圣化。

人们相信，祭祀先人有利于五谷丰登，祈求平安顺利。有的地方还在此时摆上供品，上演文艺节目，呈现热闹非凡的景象。

处暑到来，雨量减少，燥气生成，应防秋燥。为此，民间有处暑吃鸭子的习俗。

唱

儿歌——《枫叶》

金色的秋风，
一条透明的船，
载着火红的枫叶，
一片一片。
我从中选出一枚，
做张精巧的名片，
在上面真实地记录下，
稚气而又纯真的童年。

吃

盐水鸭

时值处暑，炎炎夏季宣告结束。摆脱了酷暑，人们需要吃些营养的食物，弥补炎夏对身体造成的伤害。然而，这时进补还不可吃过于油腻的食物，要慢慢来。鸭子肉性温凉，高蛋白，低脂肪，正适合这时食用。这里介绍盐水鸭的做法。

一、原料：

鸭腿或者半片鸭、海盐（雪花盐）、葱、姜、料酒、花椒。

二、做法：

1. 将鸭腿或半片鸭洗净，用花椒、海盐涂抹其上不停搓揉，使鸭子皮下的油脂流出，这样可以避免做出来的鸭子过分肥腻。

2. 将鸭或腿半片鸭放入冰箱，腌制约6小时。

3. 将锅中的水烧开，并加入葱、姜、料酒。放入擦去盐粒的鸭腿或半片鸭，煮1小时左右（煮到筷子可以穿过鸭腿肉即可）。

4. 有人在鸭子快熟时加上桂花，成为桂花盐水鸭，也别有风味。

玩

【处暑与脸谱】

处暑节气前后的民俗多与祭祖及迎秋有关。古代中国，人们在举行祭祀活动时，舞者经常戴面具进行表演，而脸谱就是从面具与化装演化而来的。在古蜀遗址“三星堆”出土的文物中，工作人员挖掘出几十个青铜面具，这些面具便是距今4000年前祭祀礼仪的用品。

著名歌舞《兰陵王入阵曲》中，扮演兰陵王的演员就要戴上面具，这也被看作是戏剧中脸谱的起源之一。

空城計
司馬懿
穿戴臉兒俱照此像

夏侯霸

諸葛亮

老軍

馬謖

王平

趙雲

黃忠

【了解脸谱】

在众多的地方戏中，都有脸谱，广义来说，戏曲中生旦净丑的面部化装都可以称为脸谱。五彩缤纷的戏曲脸谱是中国独具风格的造型艺术。脸谱起源于原始图腾，后逐渐演变成艺术化的戏曲脸谱。到了宋元时期，面部化装的色彩开始呈现多样化，有黑脸、红脸、黄脸、绿脸、蓝脸。这些脸谱的颜色具有一定的象征意义。比如红脸表示忠诚、勇敢、正直讲义气，而黄脸则有凶猛残暴、性格沉着等不同的表达。

北京的脸谱发展要从一位姓桂的满族人说起。他钟情于京剧花脸，一次在庙会上看到各种小泥人，让他突发奇想，回家翻模做出一些泥脸坯子，晾干后用彩笔模仿戏曲脸谱勾画上色，馈赠亲友。后来上门求泥脸谱的人络绎不绝，人们便称他为“花脸桂子”。随着时代变迁，20世纪50年代初，北京泥彩塑艺人迎来新的春天，涌现出大批卓有成就的泥彩塑艺人，白凤鸣、李荣山、双起翔就是其中的佼佼者。

【走近京剧脸谱】

京剧脸谱艺术大师刘曾复老先生总结出，京剧脸谱描绘着色的方式有揉、勾、抹、破四种基本类型。

揉脸：指的是用手指将颜色揉满面部。这种手法的特点是颜色单一干净，而且能加重眉目以及面部的纹理和轮廓，让人物形象更加美化。京剧《三国演义》中关羽便采用了揉脸，这样一来，关羽的枣红脸、卧蚕眉、丹凤眼和七星痣都能够突出地表现出来。

勾脸：指的是用毛笔蘸色，勾勒五光十色的眉目面纹、填充脸膛大面积的色彩，有的还会贴金敷银，尽显华丽。如京剧《西游记》中金钱豹便采用了勾脸的着色方式，将脑门的部分勾上了豹子头状的花纹，脸蛋的部分勾上了金钱图案，以显示其凶猛残暴的艺术形象。

抹脸：指的是用毛笔蘸粉，不以真面目示人，眉眼鼻也通过线条和颜色分别做了相应的变化，且勾粉白脸的角色一般佩戴髯口。如《三国演义》中曹操便采用了抹脸，用白粉脸、剑气眉、三角眼，塑造其奸诈又杀气腾腾的形象。

破脸：指的是将面部左右两边勾出不对称的图案，虽是一种以贬义为主的脸谱，却也可以指代一些相貌丑陋的好人。如《斩黄袍》中郑子明便采用了破脸，以显示其因小时候被猩猩抓花了脸而变丑的容貌。

彩塑京剧脸谱（提供者：杨玉栋）

养

睡眠的重要性是毋庸置疑的。

首先，睡眠有利于消除疲劳，同时调和气血、体温和血压；其次，睡眠能够保护大脑，让大脑从白天的疲惫中稍事休息；再次，睡眠能够提高免疫力，帮助人体提高抵抗疾病的能力；然后，睡眠能够保证人体的正常发育，比如促进儿童身高、体重发育等；最后，睡眠有利于新陈代谢，是美容的好手段。

那么，人们为什么会出现睡眠质量差的情况呢？在处暑时节出现睡眠问题，多半跟气血亏损有关。这时，我们可以进补一些补气血的食物，促进我们的睡眠。

这里还有一个人们通过实践总结出来的睡眠小妙方，那就是数数。人们可以不断地念这三组数字：400，030，820。这个方式能有效改善睡眠。

同时，人们还可以做一些简单的按摩，比如从后脚跟中线往脚趾方向揉搓脚板，一边揉搓脚板，一边不断念上述三组数字，就能对睡眠起到积极作用。

白露

白露团甘子
清晨散马蹄

说

白露，秋天的第三个节气。

露水本来是晶莹剔透的，可到了白露节气，本来透亮的露水却显得有些混浊、迷离，不那么亮晶晶了。古语有云：“白露秋分夜，一夜冷一夜”，露水呈现出混浊状态正是因为昼夜温差加大的缘故。这个季节，夏季风逐渐被冬季风所取代。北半球的日照时间变短，这就导致地面辐射散热变快，温度下降速度也加快。

白露时节是茶树生长的大好时期，经过夏季酷热的洗礼，白露茶虽没有春茶鲜嫩，却也不像夏茶那般生涩味苦。白露时节的茶独有一种清香味，格外诱人。所以，白露茶就特别受爱茶人的欢迎。

白露时节酿的酒也是别具特色。在湖南资兴，白露到来时，家家酿酒，因为这时酿的酒略带甜味，温中含热，号称“白露米酒”。

农谚说“白露打核桃，处处农家闹”，所以白露也是核桃成熟的时节。白露过后，天气渐凉，人体正需要温补的食物让身体逐渐适应上升的阴气。核桃应时当令。它有利于补血、润肺、养神、轻气益气、延年益寿。核桃因为营养价值高，所以被誉为世界四大干果之一。

适宜白露节气吃的食品，还有营养价值极高的龙眼。民间讲究白露必吃龙眼，因为龙眼可以益气补脾、养血安神、润肤美容，还可以治疗贫血、失眠、神经衰弱等疾病。龙眼还对脑细胞的补益格外有作用，是相当难得的美味与食疗兼具的水果。

白露节气正是龙眼成熟期，陆续成熟的龙眼大量上市。同时，秋凉后也正适合人们进补。所以，对于那些重视补气血、解秋乏的人来说，吃龙眼最相宜。白露时节的龙眼个大肉厚，核小味甜，尤其是福建福州地区所产的龙眼，更是上品，滋补尤有奇效。

白露时节，天气转凉，人的肠胃因此变得格外敏感。此时又正赶上各种瓜果大量上市，而过量食用这些水果，势必加重湿邪，损伤脾阳。因此，老话提醒“秋瓜坏肚”，慎食秋瓜，以防腹泻。

白露时节，昼夜温差加大，夏季风和冬季风冲撞激烈，纠缠在一起，难解难

卖浆图

分。秋天的伤感情怀由此产生，尤其男性，这种感觉会更加强烈。为此，要格外关注身心调适，保持心态的平和，适当锻炼身体，以求顺利度过这一节气。

唱

鼓曲——《【白露】遍地秋光 露结为霜》

遍地秋光，晚爽生凉，望长空清辉缥缈，玉宇生光。

晚山头，松梢外，一钩新月素魄扬。〔过板〕

绣楼上佳人玩赏，欲卸残妆。

她笑指银河〔卧牛〕把才郎傍，说人间夫妻常聚首，

唯织女一年一度会牛郎。

露结为霜，景物凄凉，文人墨客，感触神伤，即景生情话短长。〔过板〕

赏菊花，东篱会归来的老叟，村头望，

信口拈来把高〔卧牛〕高歌唱，唱的是，

前生今世两茫茫，不求衣锦归故乡。

喜得霜天明月夜，气爽秋高醉卧草堂。

吃

白露茶

喜爱品茶的人，大多对白露茶情有独钟。白露茶，顾名思义，就是白露时节制作的茶叶。白露茶有一种独特甘醇的清香味道，深受品茶爱好者的喜爱。

龙 眼

龙眼是南方龙岩市的一种特产水果，需剥壳后食用果肉。自古以来，民间便有“白露必吃龙眼”的说法。在福建福州一带，人们普遍认为龙眼在白露这一天吃具有大补的奇效。龙眼含有丰富的葡萄糖、蔗糖和蛋白质等，含铁量也比较高，可在提高热能、补充营养的同时促进血红蛋白再生，从而达到补血的效果。而且，龙眼本身就有益气补脾、养血安神、润肤美容等多重功效，还可以治疗贫血、失眠、神经衰弱等多种疾病。

经科学研究发现，龙眼肉还对脑细胞大有裨益，能起到增强记忆力、消除疲劳的作用。经常吃龙眼能够降低细胞癌变的概率，有使脸色红润、气色变佳的美容效果。可以说，龙眼是兼具美味与食疗效果的水果。

玩

【京绣由来】

“京绣”的历史可以追溯到唐代，又被称为“宫廷绣”或“宫绣”。从明代开始，“宫廷绣”的针法、技艺、纹样图式乃至用工、用料等就显出了自身鲜明的特点，参与刺绣的人员也日渐增加。随着材料和技法的逐步改进，到了清代，“宫廷绣”逐步发展到了巅峰。到了光绪年间，更是名扬海内外，被誉为“宫绣”。清末时期北京涌现了许多私家“绣坊”，它们在传承了“宫廷绣”的一些特点和针法的同时，使图案内容更加民俗化，与生活更加贴近，形

清代补子　京绣

成了自身的特点，被后人称为“京绣”，并列为清代四小名绣之首（京绣、鲁绣、汴绣、瓯绣）。京绣的最大特点是绣线配色鲜艳，其色彩与瓷器中的粉彩、珐琅色相近。此外，京绣的用料非常考究，其选料精且贵重，豪华富丽，不惜工本。2014年11月，经国务院批准，京绣被列入第四批国家级非物质文化遗产名录。

【认识京绣】

京绣以北方地区民间绣为基础，通常在服饰上使用。京绣深受宫廷绣艺术风格的影响，不过也逐渐形成了自己独有的风格。京绣的花纹写实，多以工笔绘画为稿本，常由一根丝擗成数根细丝，并运用缠针、铺针、接针等针法进行缝绣。京绣采用变换色块的方法来表现物体的阴阳面，也严格遵循着“图必有意、纹必吉祥”的宗旨。

据史料记载，京绣“图必有意、纹必吉祥”的宗旨最早可见于舜禹时代。

在《尚书·虞书》中，有关于舜命禹制作典章服的故事。这个故事讲述了天子服饰十二章，这十二章是由十二种图案组成，每种图案以象征的手法表现着对理想的肯定，日、月、星辰（照临）、山（镇定）、龙（变化）、华虫（文采）、虎尊与兽尊（忠孝）、水藻（洁净）、火（光明）、粉米（养民）等，都是对生活中各种事物的概括，寄托着设计者希冀抽象概念得以准确表现的愿望，而且京绣的文化历代沿袭直至清末。

京绣图案的寓意不仅有祈福纳祥之意，同时也是穿用者身份、社会地位的标识。特别是在清代，《大清会典》对帝、后、皇子、贝勒、大臣穿着使用的服装图案纹样、用色都有明确具体的规范。

京绣中最好的刺绣方法为针工中的“平金、打籽”这两种绣，是以真金捻线盘成图案，或结籽于其上，十分精致、华贵。京绣作为“燕京八绝”之一，曾和现“四大名绣”中的“苏、湘、顾”并称为“四大绣”，可见其当时的辉煌。

【绣前主要步骤】

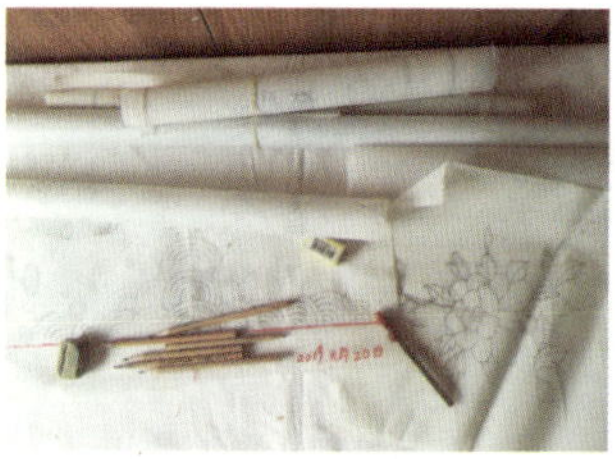

勾稿

上绷

配线

【京绣主要绣法】

斜针绣

圈金绣

平金绣（盘金绣）

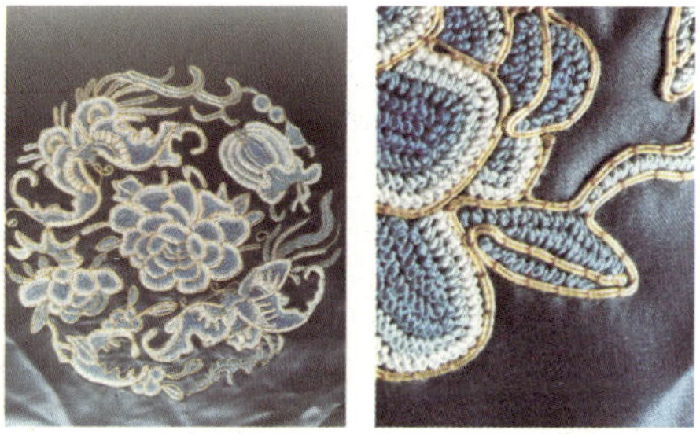

圈金打籽绣

养

白露不像大暑那样炎热，但却会给人们带来所谓的“秋燥”。秋天到了，雨水会比夏天时减少很多，而且天气晴朗后，雨水会蒸发得很快，所以白露前后，人们会感到口鼻等处十分干燥。

双蟹

秋天，人体内的水分蒸发较快，最直接的影响就是我们的肺开始干燥。这时，我们要注意对肺进行养护，比如多吃一些润肺的食物，如梨子等。梨子可以起到生津、清热的作用，这能很好地解决“秋燥”问题。

在处理梨子时，我们可以沿着梨子的中心进行对切，把里面的核挖出来，用冰糖代替，然后放在火上蒸熟。过15分钟左右，将梨子取出来晾凉，让老人和孩子吃起来更加方便。

除了梨子外，蟹肉丸子也可以很好地解决“秋燥”。蟹肉丸子是用螃蟹的腿部肉为原料，然后用油和面粉炸成丸子，最后蘸花椒盐吃。蟹肉丸子有润肺的功效，是白露时节比较好的进补食物。

秋分

遥将明日去，秋向此时分

说

秋分，秋天的第四个节气，也被称作“秋天最重要的节气”。

最初的中秋节就设在秋分这一天，后来才移到了八月十五的月圆之际，以体现“天上月儿圆，地上人团圆”的节日主题。

明清两朝，封建皇帝要么亲自，要么派大臣，前往位于城西的月坛，举行隆重的祭月仪式，感谢天地之恩，祈盼人丁兴旺、五谷丰登。

秋分之际，昼夜平分，同时取“秋天过去一半”的意思，故称之为“秋分”。在南方，到了这一节气才算真正入秋，大部分地区雨季结束，凉风习习，秋高气爽，晴空万里。

由于降温过快，所以“三秋”大忙就显得格外紧张。

秋分也有扫墓、祭祖的传统，以表达果实对种子的感恩。

此时民间还有吃秋菜的习俗。秋菜又称“野苋菜”“秋碧蒿”，秋分前后在田野到处可见，人们争相采摘，做成菜汤食用。民间认为，喝秋菜汤可以洗涤肝肠，保佑一家人平安健康。

秋分期间正赶上中秋节，所以显得格外热闹。街市上张灯结彩，卖月饼、水果的摊子一家挨一家，背后还有果子局、饽饽铺等食品商店。

雍正十二月行乐图轴・八月赏月

这些店铺不光大门敞开，彩灯高挂，而且还打开留声机播放《嫦娥奔月》等应节气的唱片，引来众多“粉丝”的围观。

中秋也是一年中三大灯节之一。不过，中秋玩花灯在南方较普遍，北方则极少。近年来，南方不少地区在中秋之夜都有花灯展示，不光有传统的扎制类灯彩，有象形灯、宫灯、走马灯、孔明灯等造型灯，有利用声、光、电等新科技手段制作的大型灯彩，还有利用塑料电子元器件制成的各式新型的电子智能花灯，深受孩子们的喜爱。

在北方，传统的拜月、赏月习俗至今不衰。《社记》中就有“秋暮夕日”（即拜月）的记载。

在周代，每逢中秋夜都会举行祭月活动。人们在供案上摆上水果、月饼、鲜花等供品，燃起蜡烛和供香，然后向月光菩萨画像行礼。唐代以来，民间一直保持着这一传统。

中秋来临，民间还形成了赏月的习俗。尤其是诗人，他们对月当歌，形成了赏月的文学活动。这些诗人的作品感物伤怀，常以阴晴圆缺比喻人情世态。

月饼是最能代表中秋节主题的节令食品，南北皆然，种类众多，表达了世人对团圆主题的祈盼。

唱

鼓曲——《【秋分】秋色凄凉》

秋色凄凉，衰草离离，倚望河桥景物稀，
斜阳渐下水流迟。〔过板〕碧天云外，鸿雁高飞，
青山化就黄〔卧牛〕黄花地，你看那，
采莲船上一女子（又作“女子每〔们〕”），走向东篱去赏菊。

月饼

月饼，又叫宫饼、月团、团圆饼，是中秋节传统食品。

说到月饼的起源，历来有多种说法。

有人说中国古代的中秋是来自嫦娥奔月这一古老传说的。祭月要用糖饼、瓜果之类。糖饼是圆的，取团圆之意；人们用瓜果、毛豆祭玉兔，希望玉兔能赐以仙药，以求健康福祉。至唐高祖李渊时，匈奴连年侵犯边境，遂命大将李靖带兵证讨。李靖屡建战功，于中秋之日凯旋，于是人们隆重庆祝胜利。在狂欢宴饮之际，吐蕃商人献上胡饼以祝捷。高祖尝过胡饼，喜极之余，望着长空明月感叹道："应将胡饼邀蟾蜍。"尔后分赐群臣共食之。因为蟾蜍是月亮的别称，文臣们根据皇帝的这句话，就将这胡饼称为月饼，此为吃月饼之始。以后，每逢中秋，中国就有了吃月饼的习俗。

月饼的起源还有另外一个版本。元朝末年，蒙古贵族为了巩固其对中原汉族人民的统治，也像当年秦始皇销天下兵器铸金人那样，不准民间有铁制武器，甚至连菜刀也规定两户共用一把，并用铁链锁住，防止挪为武器之用。每十家还要供养一个元兵，曰"家鞑子"，以便监视和管制汉人。这些元兵无恶不作，蹂躏人民。百姓们怨声载道，不堪忍受，在起义领袖的策划下，定于农历八月十五起义杀"家鞑子"。百姓们将起义的时间、信号写成纸条放进月饼里，相互赠送。表面是互赠月饼，实际是联络起义。于是，到了中秋节这天，人们掰开月饼，看见纸条，均按其密令纷纷夺取菜刀，动手杀"家鞑子"，胜利地举行了民族大起义，元朝的统治终于土崩瓦解了。为了纪念这次民族起义的胜利，以后民间便有了中秋吃月饼的习俗。同时，农历八月也是丰收的季节，中秋月饼也就成为乐太平、庆丰收、祝团圆的应节食品了。

也有人认为月饼起源于太师饼。

汉朝时期，张骞出使西域，使得芝麻、胡桃（核桃）、葡萄等物传入中国。此举极大地丰富了中国的食品种类，衍生出了无数美食。当时，有一种名叫“胡饼”的圆饼颇受老百姓喜爱，直至唐朝时期，老百姓仍然喜欢以胡饼为食。

唐朝，长安城内已经有制作胡饼的铺子了。而且，当时还有专门从事胡饼生产的饼师，这也让胡饼的品种获得了发展。

相传，唐玄宗与杨贵妃中秋赏月，吃胡饼时，唐玄宗嫌胡饼这个名字不好听，此时，杨贵妃恰好抬头仰望皎洁的明月，于是便脱口而出“月饼”二字。从此，“月饼”一名就流传开来。

关于将“月饼”作为食品名称的文献，最早有据可查的便是南宋时期的《武林旧事》。据载，月饼是“蒸作以食”的饼食，其薄且软，中间无馅，“薄软云衣似，团栾月样描”。笔者认为，这仅是当时对月饼一种狭义的描述，就广义的月饼而言，当时绝非就这一个“无馅”的品种。

在宋代，月饼已经作为商品正式出现了。江南也有了苏式月饼，苏东坡已有“小饼如嚼月，中有酥与饴”的诗句，道出了当时月饼甜且可口的滋味儿。北宋时有一种“五福饼”，用了五种不同的馅料制作而成，很类似今天的五仁月饼。专门记录宋代民俗的《梦粱录·荤素从食》有言：“市食点心，四时皆有，任便索唤……芙蓉饼、菊花饼、月饼、梅花饼……应千市食，就门供卖。”可见月饼在当时已经相当普及了。

大约到了明清时期，随着制饼工艺的提高，月饼也越制越精，吃月饼之风也愈加兴盛起来。明代北京的月饼已有在饼面上绘制月中蟾兔之形，当时的人们已将优美的民间传说与时令美食结合起来，从而增添了人们的审美情趣，更烘托了节日气氛。到了清代，月饼的质地、花色品种都有了新的发展，出现了松子仁、瓜子仁、核桃仁、冰糖、猪油馅等，月饼表面还印有“嫦娥奔月”“三潭映月”，以及福、禄、寿、喜等吉祥图案。据说当年慈禧太后在颐和园祭月用的月饼有数尺之大，上面绘有精美的广寒宫、桂树和嫦娥奔月等图案。除了月饼外，还要供“九节藕”和各种瓜果。西瓜也是必供之品，由御厨操刀切成莲花瓣状，形如朵朵绽开的荷花，名为“莲花团圆瓜”。民间在这一天，也“陈瓜果于庭以供月，并祀以毛豆、鸡冠花”。同时，有些满族人还要“请位兔儿爷”，给中秋之夜又增添了几分乐趣。

清代，月饼已由最初的家庭制作，发展为专业生产，且具一定规模。据清《燕京岁时记·月饼》记载：“中秋月饼以前门致美斋为京都第一，他处不足食也……”袁枚的《随园食单》中不仅介绍了许多月饼的名称，还介绍了月饼的制作方法。

随着社会的发展和地域文化的不同，各地月饼的用料、调味、形状也各有不同，从而形成了不同风格的品种。流行于市的有京式月饼、广式月饼、苏式月饼以及潮式、川式、滇式等月饼，而尤以京式、广式、苏式三种月饼更具代表性，其名声早已响彻大江南北，更为百姓们所津津乐道。

【京式月饼】

京式月饼是北京的传统食品，也是北方月饼的代表，在制作上吸收了一些宫廷工艺的特点。传统品种有：团圆饼、自来红、自来白等，像后来才有的“酒皮”“奶皮”“癞皮”等，大都为油炒蜜馅，外皮以酥软见长，适于牙口不好的老年人食用。而提浆月饼则更为年轻人所喜爱。提浆者，系从糖中提取浆液，定型后在饼上面印上图案，而后下油烙之，故甜香，有嚼头儿，系“北案”典型之风格。

旧时，京城的“中秋月饼”特指“自来红”“自来白”及用于供月的大月饼——“团圆饼”三种，均为旧京饽饽铺的产品。这三种既是供品，也是礼品、食品。

团圆饼，是旧时中秋节供月用的供品之一。通常有两种形式：

（1）旧京饽饽铺所售之论斤的大月饼，皆为“红月饼”与“提浆月饼”的混合型。旧京饽饽铺的月饼用白面为皮，内馅儿是用白糖、桂花、桃仁、冰糖渣、青红丝制成，以香油和面烤成，是为素品，谓之“团圆饼”。大的直径为一尺以上，厚二寸；小的直径亦有五六寸，厚一寸。饼面上印有广寒宫桂树下玉兔捣药的图案。人们买去，多镶在特制的木架上当作祭月的神位。

（2）家庭自制的大面饼，或蒸或烙，多以白面为皮，红糖为馅，外面用木戳或临时采撷花果（如麻果）蘸上胭脂，印上红花，亦谓之“团圆饼”。供于诸供品的中间。

祭月时，有用其一种者，有两种并用者。撤供后，全家分而食之。凡家庭成员人各有份儿，不在家者亦须给其留出，不得遗漏。对于住闲的仆人、听差的、管事的，一律不给，谓“不与外人团圆”。其吃法亦分两种：有当时吃掉者；有留至除夕再吃者。其风俗习惯不一。

自来红，俗称“红月饼”，因其烤色较深故而得名。“红月饼”全部用白糖、冰糖渣和果仁做馅料，并在外皮画上红色圆圈，圈内扎着几个小孔。“红月饼”是用香油和面烤制而成的，人们经常用它来供月敬神。

自来白，俗称“白月饼”，“白月饼”是用精白面掺猪油烤制而成的，大部分是什锦馅。常见的“白月饼”馅料有枣泥、豌豆、澄沙、咸瓤、桂花白糖、青梅白糖、山楂白糖等。“白月饼”外皮纯白，上盖红色小戳，印出梅花、月牙儿、山字等记号，标志着馅的类别。因为是荤品，且忌讳一个“白”字，可以当作礼品、食品，但不能上供。

旧时，中秋节馈送亲友之礼品，多以月饼为大宗。

【广式月饼】

广式月饼也叫广东月饼。早在清末民初即有广东人闯入京城，在西城区骡马市大街的佛照楼旅店中落脚，成立了京城第一家专卖广东糕点、月饼的店铺。这家的产品与北京的大不相同，有其独特的生产工艺：用糖浆调面，做月饼皮。饼厚约三厘米，然后再放进模子里烤制，月饼皮硬、馅足。当时的品种并不多，只有豆沙、五仁，可味道独特，样式新奇。当时的北京人还不习惯，这家的顾客基本上只限于少数粤籍客户，生意并不红火。直到20世纪30年代，广式月饼的营销点开始扩大，像东城的东亚楼、玉成号；西城的新广东、红十字等，都供应广式月饼。其中玉成号的经理十分精明，将大块月饼改制成小块月饼，馅有莲蓉、豆蓉、五仁、豆沙、枣泥等，完全和大块的一样，只是售价降低，吸引了大量的食客，因而打开了销路。广式月饼不但在京城立住了脚，逐渐赢得了众多京城百姓的赞誉，后来居然发展到要和京式月饼分庭抗礼的程度，一时传为商业佳话。后来，京城的一些南味食品店也增加了广式月饼，并增添了金华火腿、烧鸡、烧鸭、腊肠、腊肉、蛋黄等多种咸味品种。再后又将月饼的硬皮改良为蛋糕式软皮，一改过去那种“坚如石，硬如砖，啃不动，当当响，打在头上起大包”的旧形象，变成了金黄油润，香软适口的新模样，从而使广式月饼在京城的市场上更是一帆风顺。

【苏式月饼】

苏式月饼，又称“酥皮月饼”，其历史相当悠久，在制作工艺方面也十分讲究。苏式月饼是用面粉、饴糖、猪油并热水搅拌成皮的，所以苏式月饼的皮具有皮酥油润、层酥相叠的特点。苏式月饼多用果料、果仁做馅儿，同时配以桂花、玫瑰等天然香料，具有油大而不腻、糖多而适口的特点，深受人们的喜爱。像京城的稻香村、桂香村等南味食品店，都是专门以制作和销售苏式月饼而见长的。这些南味食品店至今仍享誉京城……

月饼是节令性食品，它既是食品、礼品，也是供品。随着社会的发展，月饼的祭祀作用已经消失，现在就连一些中年人也很少有人知道月饼还是要用来当作供品的，更不知道在中秋节用月饼祭月是这一天中最重要的活动，知道的仅是食用和送礼了。

在20世纪60年代初期，月饼曾被更名为“丰收饼”。在京城一些食品店的商品标签上赫然写着“丰收饼”三个字，有的生产厂家干脆就将“丰收饼”三个字印制在提浆月饼上，可这吃食明明是月饼！“月饼”这个名称被叫了千百年，一下子让人们改口称“丰收饼”并非易事，不但群众不叫“丰收饼”，就连食品店的售货员也是照叫“月饼”不误。“丰收饼”只是写在食品标签上和印在饼面上的符号而已，老百姓并不理会。

由于中国饮食文化源远流长，很难对月饼的起源和出处做出一个绝对的定义。况且中国疆域辽阔、民族众多、历史悠久、文化深厚，对饮食一类的民俗文化考证往往会面临多种困难。历史上民族间的相互交往、相互包容，民间的约定俗成、互为影响，是民俗文化漫长的形成过程中所特有的现象。

玩

【兔儿爷与秋分】

古时候，秋分是一个非常重要的节令。因为在古代礼制中，一直有“春祭日，秋祭月”的说法，所以，人们就将祭月的日子定在“秋分”这天。后来，人们发现，“秋分”虽然在农历八月内，但每年日子都不同，有时候秋分不一定有月亮，所以大家便约定俗成，将祭月的日子定在了农历八月十五日中秋节这天。说到祭月，兔儿爷则不得不提。早在明朝末年，兔儿爷就出现在人们的视野中了。关于兔儿爷的最早记载，可见于明代文人纪坤的《花王阁剩稿》一文中，纪坤载道：“京中秋节多以泥抟兔形，衣冠踞坐如人状，儿女祀拜之。”兔儿爷与传说中月宫的玉兔形象类似，大概就是照着它的模样用泥塑造出来的。

【老北京兔儿爷】

经考证，兔儿爷发展于津冀，盛于北京。兔儿爷的产生与中国人祭月的传统有

兔儿爷制作工艺流程

选泥浸泥

加入棉花

兔爷模具

制泥坯

泥坯阴干

修坯上底色

彩绘

关。古时候，皇家都有祭月的传统，有着一整套严肃、庄重的祭月仪式，即使是战乱纷扰的时代也从不曾间断。

民间祭月虽然没有特别严肃庄重的规矩，但其游赏性质一点儿不输宫内。老百姓喜欢将玉兔称作兔儿爷，兔儿爷的称呼虽然没有“太阴君”的称呼庄重，但却非常亲切。至此，祭月也从皇家的礼俗演变成实实在在的民间节日。到了清朝末期，兔儿爷变成既是拜祭品又是中秋节儿童的玩具。

随着时代的发展，祭拜并玩赏兔儿爷的风俗一直在延续。民国时期，一到中秋节，兔儿爷的摊子就摆出来了。前门五牌楼、王府井、西单、东四等处，都有专门卖兔儿爷的摊子。赶着前来买兔儿爷的大人小孩络绎不绝。“童年时候兔儿爷就是中秋节的象征，没有了兔儿爷好像就不是中秋节。孩子们都得买兔儿爷，大家都觉得要是连兔儿爷都不买那还怎么得了。”著名作家舒乙先生曾经深情地回忆起卖兔儿爷的热闹场面。

泥制兔儿爷

【为什么叫兔儿“爷”】

在北京方言中，“爷”是地位低下者对地位尊贵者的敬称，也是地位相同的人相互之间的敬称。因玉兔不是野兔这样的凡间动物，而是神话中广寒宫的神兔，所以老百姓以“爷”敬称，将其称作“兔儿爷”。每逢中秋，讲究的人家都要“请”一尊泥塑的“兔儿爷”供奉起来，以表对“月”的尊敬。

旧时过中秋，到了八月十五傍晚，家家户户都要在庭院里，面向东南方摆设一张小桌，放置瓜果、月饼、毛豆枝、鸡冠花、藕、西瓜等时令供品。桌前铺有一块红毡供人们祭拜之用。古时候，京城的习俗中有“男不拜月，女不祭灶”一说，所以，当月亮渐渐升起时，家中的女子需要按照长幼顺序，一一对月亮进行叩拜。供奉完毕后，全家围坐在一起饮酒赏月，分享瓜果和月饼等供品。所以，民间又将中秋节称为“团圆节”。至于桌上的毛豆枝则是无人“享用”的，因为这是专门给兔儿爷享用的。

养

秋分时节，人们要早睡早起，养足精神。早睡，是为了避免夜晚的寒气入侵人体，早起，是因为秋天的早晨能让人感到秋高气爽、精神爽快。

秋分之后，我们就要盖稍厚一些的被子了。现在，被子材料有很多选择，比如蚕丝被、化纤被、棉被、羽绒被等。我们需要按照个人的体质来选择不同材质的被子。比如为了让血液循环更畅通一些，就可以使用轻薄一点儿的丝绒被或蚕丝被。再比如过敏性体质或罹患哮喘病的，就比较适合用羊毛被。

自古以来，人们就将秋分看作一年中最好的时节。这个时节温度适宜，很适合人们进行户外运动。前面提到的登山、郊游等都是适合秋分时节的好运动，除了这两种活动外，那些能提升肺活量、加速血液循环的运动也都很适合在这个时节进行。

值得一提的是，人们还可以在山顶、海边等处进行“秋吼”运动。秋吼能增加肺活量，长时间的秋吼还能把体内的二氧化碳排到体外，让人体获得一定释放。在山顶等环境清幽，氧气、负离子含量非常多的地方秋吼，还能通过深呼吸把有益的东西吸进人体，同时把体内浊气呼出去，一举两得。

秋分时节，人们还可以多写写东西，哪怕写点流水账也是件好事。因为记录是将脑海中想法进行整理表述的过程，这能有效调动手脑协调性，对上年纪的人来说是件很好的事。

清人绘道光　喜溢秋庭图

寒露

袅袅凉风动
凄凄寒露零

说

寒露比起白露，显然增添了一分寒意，气温下降的幅度更大了。

寒露不像立秋或秋分，它只是一个过渡性的节气。它紧随秋分之后，秋意更浓了。

有人说，寒露时节是一年中大地色彩最为绚丽、丰富的时节。黄栌、枫树的叶子次第变红，如火烧云般艳丽；银杏树小扇子一样造型的叶子一片金黄，点缀出“金秋”的盛景；松柏依旧翠绿，柳叶仍然婀娜；国槐、杨树的绿色也跟商量好了似的，陆陆续续地转黄，那么从容，那么讲礼貌，好像害怕人间不适应冬天的萧瑟，而留下来陪伴一般。

此时树上结下的果实也是各有特色。红的是苹果、黄的是鸭梨、青色的是柿子、红绿相间的是大枣……

秋天的田野格外辽阔。因为玉米已摘，秸秆被放倒，棉花、茄子秧都已陆续收割。夕阳下，一片片红光照亮了树影、粮垛、村宅，丰收的喜悦挂在每一个人的脸上。

只是时近深秋，到处呈现一缕缕清秋所特有的冷香。

寒露时节，露水增多，气温更低，北方地区的冷空气已经具有一定的势

清 郎世宁 菊花图

力，天气昼暖夜凉，晴空万里。

这种环境难免会影响到人们的心情，时光容易把人抛，“春不再”的情绪笼罩人们心头，特别对于多愁善感的诗人来说，忧愁更是一种普遍的情怀。

好在此时菊花正盛开，它凌霜怒放的雄姿给了人们战胜困难的勇气，同时也点缀了庭院、室内、案头，营造了金色之秋的典型气氛。

重阳节往往正值此时节，赏菊自然成为节日的重要习俗。有一幅张伯驹先生的老照片，先生站在房前的廊子下，身体两侧摆放了大盆盛开的菊花，先生犹如花中的仙人，表达了先生高洁的人生追求，同时也代表了家里的节日气氛。

人们除了赏菊，也会饮菊花酒，吃菊花糕（或叫重阳糕）等节令食品。

重阳节还有远游、登高的传统。人们从封闭的家庭环境中走出来，来到到处是绿树，景色秀美的风景名胜，心胸为之开阔，在步步登高的过程中一步一景，景随步移，还有更美的自然、人文之景在远方，值得我们去向往、追求。

重阳节插茱萸，因其香味浓郁，有驱虫祛湿、逐风邪等功效，成为重要的节日习俗。

唱

八角鼓——《【寒露】秋夜》

玉露凄清，寒月孤鸣，数行新雁带秋生，
丹桂花开香满庭。〔过板〕银河如练挂疏星，
绮窗闻落叶，金井响梧桐。嫦娥此际开〔卧牛〕开妆镜，
今宵月色凉如水，碧落冰轮照玉屏。

吃

菊花酒

菊花酒即在白酒酿制过程中加入菊花，味微苦，有一定疗效。

早在汉魏时期，人们就已经流行用菊花酿酒了。在菊花盛开时，古人会采集菊花的茎叶，与谷物一道酿酒，菊花酒需藏到第二年重阳节饮用。

菊花酒清香凉润，十分甘美，是相当不错的益寿佳品。从中医角度看，菊花具有明目降火的功效，而菊花酒则有降血压、安肠胃、治头昏、减肥纤体、补肝益气的功效。陶渊明有诗言，“往燕无遗影，来雁有余声，酒能祛百虑，菊解制颓龄”，这便是称赞了菊花酒的养生价值。

菊花酒制作方法为，将干菊花去蒂洗净晾干，泡于低度粮食酒中，一两天后就可以饮用。常饮可活血行气、抗衰老、延年益寿；如果再向酒中加入地黄、当归、枸杞，对头晕目眩、疲劳多梦有不错的疗效。

玩

【当扎染遇到寒露】

寒露，秋季的第五个节气。古人认为，“白露”节气标志着天气由闷热转为凉爽；而“寒露”节气，则是标志着天气由凉爽转为寒冷。随着寒露来临，北方正式迎来了象征丰收的金色秋日。秋日如同肆意创造组合的扎染纹饰一般，生动鲜活、多姿多彩。扎染是有色彩的诗篇，也是有意韵的画卷。那美丽清秀的靛蓝色，就像赋予金色秋日以梦幻一般，象征着秋日的蓝天、清风与旷野。

【扎染的历史】

人类使用染料的历史相当悠久，据考证，可追溯到距今5万～10万年前的旧石器时代。北京山顶洞人文化遗址中，就有使用矿物质染料，将石制项链染成红色的存在。到了新石器时期，人们开始利用植物做染料，给衣物等纺织品进行染色。到了西周时期，皇室专门设置了负责印染纺织品的专职官吏——染人。

早在东晋时期，扎染这种工艺就已趋于成熟了。到了南北朝时期，扎染技术主要被用在妇女的衣着上。唐宋时期是中国古代文化发展的鼎盛时期，这一时期，扎染已经在中原地区非常流行了。到了明清时期，洱海白族地区的染织技艺已达到相当高的水平，明朝时期的洱海卫红布、清朝时期的喜洲布及大理

布，都是名噪一时的畅销品。

“蓝底起图样”是扎染的特色，白族人民如族名一般以白为美，他们喜爱干净美丽的白色，这种喜好也被赋予在扎染技术上。2006年经国务院批准，扎染技艺入选第一批国家级非物质文化遗产名录。在国际范围内，扎染的技艺也被许多艺术家掌握并创作，就这样，扎染这种古老的传统技艺，在不同的时代、文化背景下获得了空前发展。

【扎染的制作】

扎染工艺主要有“扎结”和“染色”两部分。扎染工艺是通过线、纱、绳等工具，对织物进行缝、扎、夹等组合后再进行染色的工艺。让人感到惊奇的是，扎结的每种花朵都不相同，即便一块布上有上万朵花，也不会有一模一样的花出现，这种艺术效果是机械印染工艺无法达到的。

染前处理

因织物上常带有浆料、助剂及一定成分的天然杂质，为保证扎染制作过程中染色均匀，需对织物进行退浆、精炼、漂白、熨平等多道工序的染前处理。

捆扎染色

将已设计好的图案纹样用画粉在布上做记号或用绘稿液描上，然后捆扎或缝结布料。完成后，浸入水中湿透，取出稍晾，待不滴水后放入已备好的染液中或浸染或煮染一定时间，然后用清水冲洗、晾干。

染后处理

晾后的捆扎物可在不完全干透时解开扎结处，并用熨斗趁潮湿熨平。

养

自古逢秋悲寂寥，到了寒露时节，人们的心情大多会充满愁绪。对男性来说，这种“悲秋”的心情其实要比女性更多，因为男性体内阳气较重，可秋天是一个阳性环境逐渐转阴的季节，男性会感受到一种强烈的紧迫感，所以他们的愁绪会比女性更浓烈。

所以，到了寒露时节，男性朋友要多进补一些温热的食物。比如将粳米熬成粥，然后加入牛奶饮用。粳米牛奶粥能补气血，是一种温热美味的食物。除粳米粥外，甘蔗也是滋阴润肺的好食物。寒露时节，人们会将甘蔗榨成汁，然

明　沈周　盆菊图

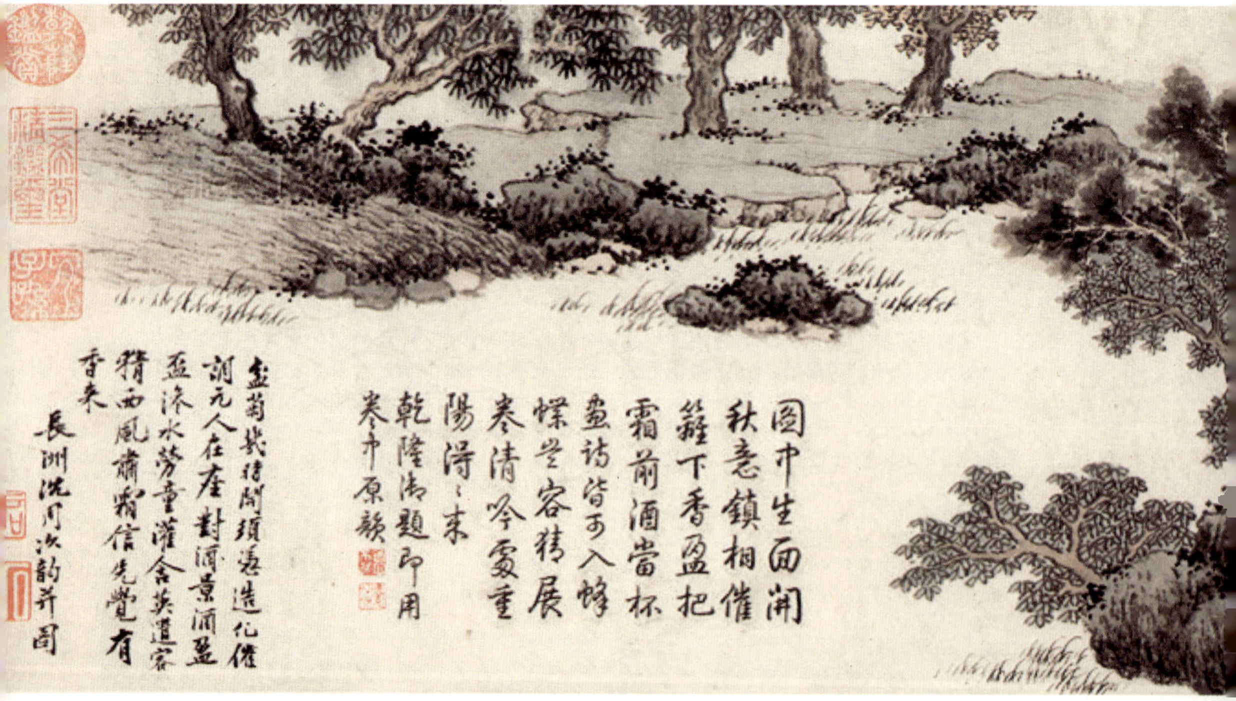

后用甘蔗汁、水果等物熬粥，以求润肺。藕、百合、莲子、黄瓜、梨、白萝卜也可以润肺，是寒露时节不错的进补食材。

除了食物进补，寒露时节还要注意加强锻炼，增强抵抗力。秋天的晚上比较寒冷，并不适合进行户外运动，所以人们还是要把运动时间调整在早晨。这也是人们号召秋季“早睡早起”的原因。

霜降

霜降碧天静，秋事促西风

说

霜降是秋天的第六个节气，过完霜降就要进入冬季了。

值此节气，冷霜初降，“千树横扫一番黄”“一叶红透万枫香”，已是晚秋的景象。

天气逐渐变冷，露水凝结成霜，早晨起来房顶上的灰瓦已然挂上一层薄薄的白霜。因为晚上地面散热很多，温度已降至零度以下。

霜降节气，不耐寒的农作物已然停止生长，草木迅速枯黄，一派肃杀之气袭来。

据说此时从地里收获的农作物，包括玉米、白薯、土豆、黄豆以及根类、茎类、果实类、水果蔬菜，都有一个共同的特点，就是比其他任何一季收获的水果、蔬菜和粮食都显得格外香甜，究其原因，是因为天气转冷以后，停止生长的农作物的营养往往回流到果实身上，滋味儿自然非同一般了。

霜降节气正赶上秋天的祭祖节，又称十月朝，俗称“十月一，送寒衣”。天气日渐寒冷，依照传统，十月初一要祭祖，供上食物、香烛、纸钱等物品，而且还要特别准备好所谓的“寒衣”，祭祀完后焚化给祖先，叫作“送寒衣”。

在传统观念中，人们离世并非消失，而是转换了生存空间——由阳间至阴间。所以，对先人的孝也包括身后事的处理。天气转寒，在阴间的先人也会挨冷受冻，所以要为他们送去寒衣，连带着兼顾到一些孤魂野鬼。送寒衣寄托着今人对逝去亲人的怀念，对逝者的悲悯。同时，也是从仪式中寻求精神慰藉，树立信心来面对即将到来的严寒天气的挑战，创造美好的生活。其实这也是人类共同的情感需求，西方万圣节的产生背景也是类似的。

在古都洛阳，送寒衣这天要从上午就开始做准备，先是准备食品，然后用花花绿绿的纸张叠成纸钱和纸衣，午饭后开始祭祖，上坟、烧纸钱。晋南地区的人们还会在寒衣中夹一些纸钱，以示送给亲人的棉衣。

俗话说："霜降摘柿子，立冬打软枣；霜降不摘柿，硬柿变软柿。"各地

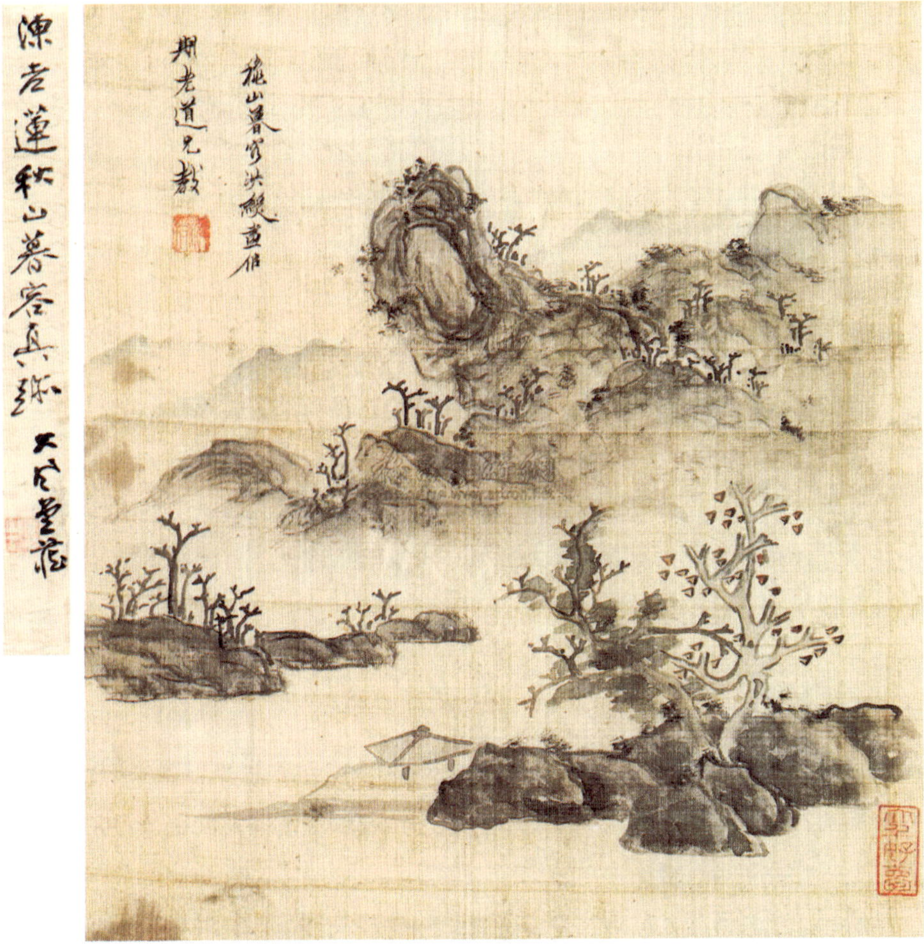

秋山暮容

凡产柿的地方，都流行霜降摘柿子、吃柿子。人们认为吃了柿子就可以防感冒，不流鼻涕。吃柿子也有事事如意的吉祥寓意。

唱

八角鼓——《鸡声茅店月》

鸡声茅店月，猛然间把客旅惊觉，都只为争名夺利，不肯休歇。

出村店，举步登程把店主别。〔过板〕

过小桥，见遍地严霜似白雪，寒林内乌鸦乱噪风〔卧牛〕风吹败叶。

则见东篱菊花谢，又见天边雁字横斜。

吃

重阳花糕

花糕是重阳节的应节糕点，重阳节往往处在深秋的寒露节气，所以在这一节气适宜食用。

九九重阳，民间有登高辟灾习俗，因“高”与“糕”谐音，所以应节糕点的重阳花糕被赋予“步步高升”“瘦高九九”的吉祥寓意。晚清时期，北京饽饽铺在重阳节来临之际，都会制作重阳糕或花糕。其种类大致有三类：一类是糙花糕；二类是细花糕；三类是金钱花糕。糙花糕是在两层之间夹上青果、山楂、小枣、核桃仁之类的糙干果。细花糕有三层、两层不等，每层之间夹上较细的蜜饯干果，如苹果脯、桃脯、杏脯、乌枣等。金钱花糕与细花糕在质量上完全相同，只是具体而微，如“金钱”大小。花糕不论糙细大小，皆在糕的表皮粘上一叶香菜为点缀。

旧时，北新桥“一品香”饽饽铺曾出售奶油花糕，别有风味。这种奶油食品不同于当今的奶油糕点，却和旧时满汉饽饽铺所售的白点子、小杂食、萨其马、火纸筒（蛋卷）等奶油饽饽味道相同。这类奶食品，现已绝市。

早年，民间还有用发面蒸出来的面饼，夹上枣栗，或于糕面上置猪、羊、鸡、鸭之肉丝、肉丁，成为咸味的荤花糕。还有的以白江米面、黄米面蒸成糕饼，成为上“金”下“银”的形式，中间亦加诸果。为点缀节日，上面还插了不同形式的五色小旗。

清朝时，宫中每逢重阳节皆设“花糕宴”，被赐宴的群臣将其视为一种殊荣。民间，花糕是重阳节迎接出嫁女儿“归宁”的特备食品，也是节日亲友之间互相馈赠的礼物。

【制作方法】

一、原料：

糯米粉200克、黏米粉300克、糖50克、水240克、红丝与绿丝少许、黑芝麻少许、蜜枣少许、豆沙200克。

二、做法：

1. 将糯米粉、黏米粉、糖混合均匀，静置4小时。

2. 在蒸笼内垫一块湿纱布，铺上豆沙，用圆形慕斯圈做围边，将剩下的过筛粉倒入其中，表面用蜜枣、芝麻、红丝绿丝做装饰。

3. 蒸30分钟，脱模出锅。

烤　肉

霜降节气时正值秋末之际，万木萧条，天气渐寒，此时正是北方广大地区吃烤肉的好时节。

梁实秋回忆儿时家住京城，吃烤肉一般在家里做，要先准备好灶具，在院子里烤，要准备好几天，很有仪式感。

秋季吃烤肉是北京人的讲究，如今有了电饼铛，在家里吃烤肉已不是难事。在此，传授一个在家自制烤肉的简单方法。

【家庭自制烤肉的做法】

一、原料：

牛肉500克、五花肉300克、洋葱1个、生菜1颗、金针菇1小把、柿子椒1个、鸡翅2个，生姜丝、洋葱丝、腌肉用醋、番茄酱、红糖、紫苏叶若干。

二、做法：

1. 将牛肉切片，两面锤松（用刀背敲松也可），再切成小片。腌肉用料混合均匀，一半的牛肉和腌料混合，用手抓匀。

2. 一半牛肉不用腌制，用于吃孜然味的。

3. 将五花肉切片，鸡翅上切几刀以便入味。

4. 将金针菇洗净去根，洋葱横切厚片，柿子椒切片。

5. 将生菜洗净。

6. 上铛翻烤至肉变色，出香味，蔬菜稍去生即可。

7. 装盘上桌即食。

玩

【衍纸与霜降】

中国自古便有“霜降杀百草”的说法。霜降过后，万物开始失去生机，大地也陷入沉睡，呈现出一片萧索的状态。这时，大地因冷冻而产生初霜现象。霜降节气后，深秋景象明显，冷空气越来越频繁。而随着天气的温差变化，红叶的颜色也越来越艳丽。很多艺术家用各种方式去制作、拍摄、绘画红叶，为的就是留住红叶的美丽，记录霜降节气带来的大自然的色彩变化。我们同样可以用衍纸做红叶，简单易学、线条流畅、造型多变、易于保存。

【认识衍纸】

衍纸是一种运用卷、捏、拼、贴等技巧组合完成的简单的指尖艺术。其主要的造型过程是“卷”，所以通常也叫卷纸，即用专用的工具将长条纸卷起来，形成纸卷，再将这些“卷”通过捏、压、拼等手法做成形状各异的“零件”，之后将这些“零件”进行组合，进而形成的衍纸艺术作品。

在中国，衍纸工艺被普遍认为是纸艺中的边缘艺术。但与绘画、雕塑、折纸、剪纸等众多艺术技巧比，衍纸具有雕塑的立体、绘画的随意、剪纸的含蓄、折纸的奔放，加上制作过程本就具有独特的魅力，受到人们的广泛喜爱。

衍纸的魅力，其实就在于它的无限表达性。衍纸技术变化万千，一直被看作纸艺大家族中优雅的典范。过去，纸艺一直用作宗教圣物的装饰，自从衍纸技艺流入民间之后，不但其表达方式更加多元化，而且各种巧妙构思更是将纸艺固有的艺术气息发展得淋漓尽致。

衍纸的雏形最早起源于古埃及。文艺复兴时期，衍纸发展成一门成熟的技艺。如今，衍纸从欧洲走进了中国，而中国的传统元素赋予了衍纸更丰富的表现力和文化内涵，成为一门新兴的独立艺术。

【制作衍纸红叶】

准备材料：

衍纸笔、暖色系衍纸条、模板、镊子、白乳胶、卡纸、剪刀、铅笔、橡皮。

【制作流程】

1. 画线稿图

准备一张40cm × 28cm的长方形淡黄色卡纸，用铅笔将设计稿画在卡纸上，线条要轻要细。（图例1）

图例 1

2. 做基础卷

将一根衍纸条一端插入衍纸笔的缝隙，将衍纸条卷成紧卷（图例2），获得所需要的特定大小的圆，然后将衍纸条的末端粘上（做成松卷）（图例3）。

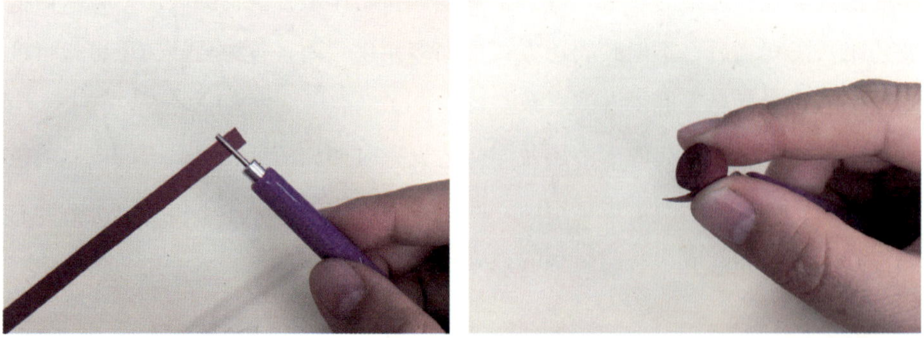

图例 2

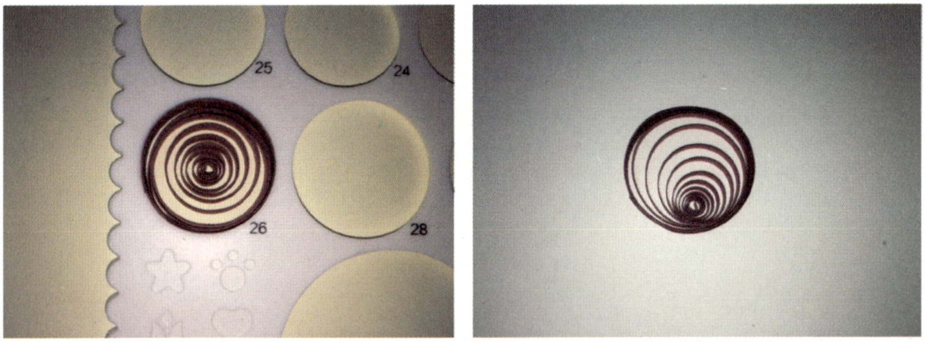

图例 3

3. 捏卷

将做好的松卷相对捏出尖角，形成柳叶卷，根据线稿图的需要，将两个或三个柳叶卷平行粘合，可以用同色系的不同颜色进行渐变处理。（图例4）

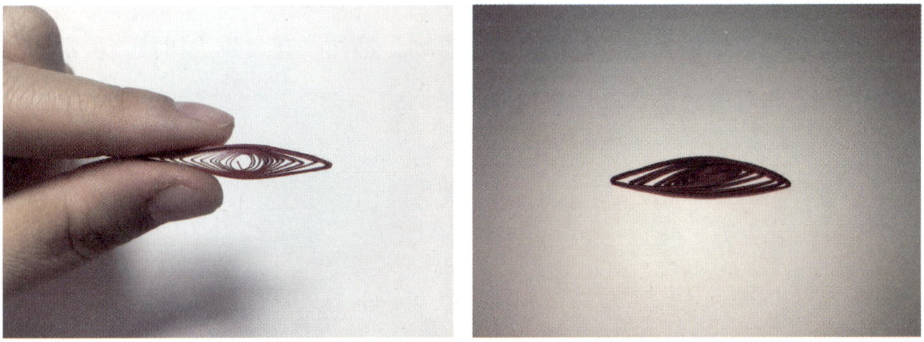

图例 4

4. 包边

为使叶片边缘的线条看起来更加流畅，用其中一个颜色的衍纸条随型将叶片包围起来粘好。（图例5）

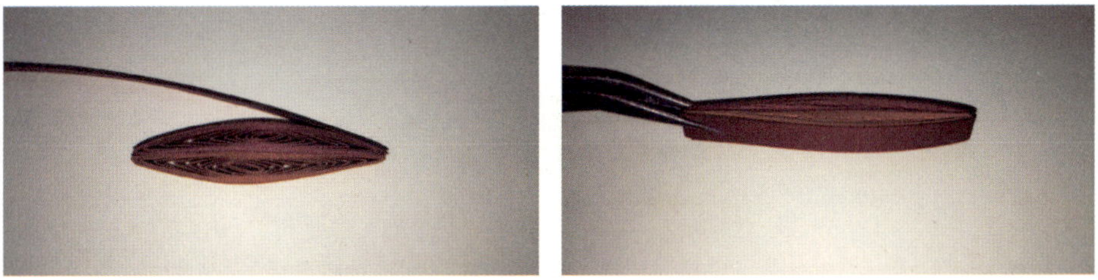

图例 5

5. 制作叶柄

取一段棕色系衍纸条，将一端用手卷成小细卷。

在细卷的另一端留出大约一半叶片长度，然后进行包裹，约3至4圈。

截取叶柄两倍长的棕色系衍纸条一根，粘在线稿图上叶柄的位置。（图例6）

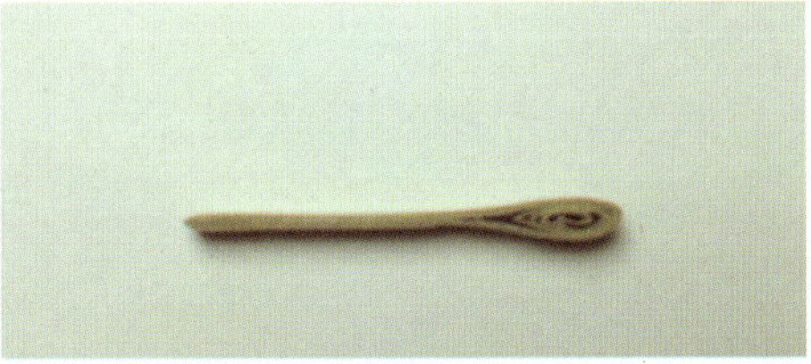

图例 6

6. 组合叶片

将包好边的不同大小的柳叶卷拼成叶片的形状进行组合粘贴（图例7）。

将棕色系衍纸条按颜色的渐变进行排列，粘在一起，作为树枝，可根据底稿适当调整每种颜色的数量以及长度（图例8）。

图例 7

图例 8

养

霜降节气，顾名思义，便是秋霜降临的时节。这时，路面上、台阶上、屋顶上、车顶上都会落下一层薄薄的白霜。

曹丕在《燕歌行》里说过，“秋风萧瑟天气凉，草木摇落露为霜”。所以，霜降时节需要进行一些必要的温补，比如前面提到的粳米牛奶粥和甘蔗汁，也同样适合霜降时节食用。

进入深秋，人们活动量会相对减少一些。随着活动量的减少，人体的血液流动也会下降。这时，我们要经常泡脚，泡完后可以把脚抬起来，让血液流动得更加畅快一些，缓解脚部疲劳。

霜降是秋天的结束，又恰逢重阳这个节日，所以，人们经常在霜降时节登高远望。现代人在霜降期间登高远望归来，大部分会选择炖菜来进补身心。而古人会在重阳节登高，然后食用一些菊花酒、螃蟹等食物。

人们还会在头上插满茱萸。茱萸是一种有特殊香气的植物，不但能杀菌，还能让身心倍感愉悦，与端午节的艾草有异曲同工之妙。

在霜降时节登高远望，吃喝进补，以茱萸为乐，这也是非常有特色的民俗活动了。

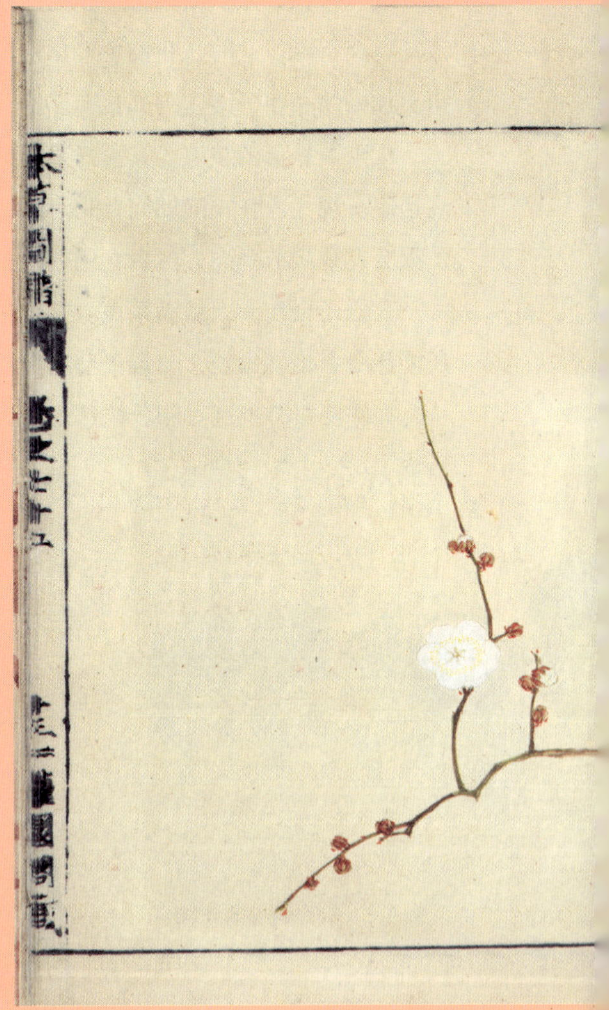

寒冬

立冬

早久何当雨，秋深渐入冬

说

立冬是冬季的第一个节气，是冬天的开始。冬，通终。一年中的四个季节已过去了三个，由立冬开始进入第四个季节，一年的轮回即将进入尾声。而立冬，标志着一年中收尾的季节开始了。

立冬节气往往在每年的11月上旬，所以，我国自古便有“立冬为冬日始”的说法。不过，这种说法是以黄淮地区的气候特点为参考的，所以北京以北的地区，冬天要冷得更早一些。

冬季以来，万物收藏，规避寒冷。所以这是冬季的主要特点，它区别于春天的播种、夏天的成长和秋天的收获。“藏”的目的，一方面是躲避寒冷，另一方面也是为来年春天的生发打下基础。

进入立冬，北半球已难得到阳光长时间的普照，但因地表贮存的热量尚未完全散去，所以一般天气还不太冷，特别是晴天的中午，还能在室外晒晒太阳。人们也正好利用这些宝贵时光，为迎接冬天做些准备。

比如为室内安装煤炉、烟囱等取暖设备。

比如购买白菜，用于腌制，以供冬天食用。北宋时，汴京人就有立冬腌菜的习俗。他们选用萝卜、豇豆、圆白菜、鲜姜等蔬菜，清洗干净后撒上大盐，放入缸瓮等器皿中腌制。立冬这一天，人们还要选一些新腌的蔬菜用于祭祖。

在北方，立冬吃饺子的习俗由来已久。冬天寒冷，要穿棉衣御寒。由于两耳暴露在外，最易冻伤，因此，吃点形状像耳朵一样的饺子，也有御寒的象征意义。

在许多地方，立冬吃糕也是进补的一种方式。糕的样式南北不同，陕西、山西的糕是以黄米面为主，包上豆馅、红枣、红糖蒸熟。有的不蒸而用油炸，喷香甜软，很受欢迎。也有的是蒸熟后和酸菜等拌在一起吃。

在闽南，糕用糯米、白糖、花生为原料，蒸制而成。

相比之下，茂名人的立冬补汤，效果会更明显一些。材料有红参、桂圆、核桃，以便补气活血助阳。

冬天是一个漫长的季节，也是一年结尾的季节，所以先人对此非常重视。立冬当天，皇帝率三公九卿到北郊六里外去迎冬，以安抚社稷、抚恤孤寡。

民间也有祭祖的传统，以及吃倭瓜、甘蔗等食物以养冬的习俗。

倭瓜

唱

八角鼓——《消寒图》

〔曲头〕阴阳生六管（一阳生六管），纷纷雪影繁。玉人儿晓梦初回，掀帏看，见玉屑装林表，冰柱挂檐前，猛回头，但则见，架上的鹦鹉缩头眠。〔过板〕

〔罗江怨〕初开鸾镜，慢展香奁，乌云堆鬓，巧绾螺鬟，轻匀脂粉添娇艳。貂裘坐拥，兽炭频添，生成娇弱，不胜严寒，小鬟放下鸳鸯幔。

〔罗江怨〕香躯斜倚熏笼畔，艳生彩笔画消寒，见庭前冲寒（初含）梅蕊胭脂瓣，逞风姿，与雪争春如酣战。轻磨麝墨，折叠云笺，唤丫鬟，花笺分头投去约女伴，好风光，同来酌酒休迟慢。

〔倒推船〕安排一席芙蓉座，今朝景物足盘桓，当窗摆下珊瑚案。

〔四班腔〕丫鬟报道说嘉宾至，轻移莲步至廊前。但则见，姊妹同来齐摇玉佩，一个个婷婷袅袅细步儿姗姗。也有那绣服貂裘海棠云锦，也有那斗篷耀目红色明鲜。喜滋滋笑靥齐开温柔细语，相万福，同欢把袂列坐华筵。翠绕珠围百花丛里，衣香鬓影吐气如兰，海错山珍欢呼畅饮，竞棋斗胜赋诗吟联。笑颤花枝她那钏声儿清脆，分曹射覆雅令三宣。笑指窗前梅花吐艳，遥看林树玉琢银攒，酒兴香浓芳情至快，桃腮微润酣坐怡然。盛馔同成齐声致谢，忙辞去，手扶俊婢踏雪而还。

〔曲尾〕这佳人送客回归，把梅花看，倚窗悄把诗〔卧牛〕诗歌念，念的是：玉骨冲寒体自坚，孤高应自号臞仙，最宜明月添疏影，洗尽轻盈总不凡。

此曲有谭凤元灌制的唱片行世。谭凤元（1895—1966），满族，单弦五大流派创始人之一。票友家庭出身。曾拜刘宝全为师学习京韵大鼓，灌制有《刺汤勤》《闹江州》等唱片。20世纪30年代末改唱单弦，他的唱腔力度强，韵味厚，板式灵活，圆润自由，独具特色。岔曲《消寒图》《竹影横窗》《秋月照婵娟》以及单弦牌子曲《孔雀东南飞》《打渔杀家》《花木兰》等，既是溥叔明的佳作，又是谭凤元的演唱代表作。谭凤元曾任北京曲艺团副团长、曲剧团艺术顾问、曲艺研究会常务理事。

《消寒图》像是一幅工笔重彩的美人图，典雅细腻，古色古香。隆冬时节，万物萧索，冷气袭人，只好躲在家中借助炭火烤暖，以待春暖花开的到来。

吃

饺子

过年吃饺子，这是我国北方最有代表性的传统习俗，而且以北京为中心流行于大半个中国，乃至流行于国外。

老北京人，尤其是满、蒙旗人，习惯称饺子为“煮饽饽”。老话说，“好吃不如饺子，舒服不如倒着（睡卧）”。过年时，不论副食丰俭，主食必为饺子，其中意义很多。饺子，取“交子”之意，又叫“更岁饺子”，其形近似银元宝，取招财进宝之意。煮饺子又称煮饽饽，取“勃勃兴起”之意。京郊乡下人称大年三十、初一的水饺为“煮年饽饽”，以求一年都蓬蓬勃勃（指财源茂盛），事业兴旺。

老北京人过年时吃的水饺，按其馅可分为四大类：

（一）荤饺子：普通人家的荤饺子主要是羊肉白菜馅、猪肉白菜馅、猪肉韭菜馅。但是讲究的富户则有牛肉芹菜馅、牛肉酸菜馅、猪肉冬笋馅、牛肉胡萝卜馅、猪肉三鲜（三鲜指“茭白、冬笋、玉兰片”“海参、虾仁、玉兰片”“鸡、鸭、口蘑丁”等）馅。此为除夕晚宴、正月初三至初五食之。

（二）大馅馄饨：老北京的大馅馄饨主要是猪肉青韭菠菜馅。亦为正月初三至初五食之。

（三）素饺子：素饺子，即全素煮饽饽，主要以炸货（油果、炸排叉儿、炸豆等）、黄花、木耳、蘑菇、胡萝卜丝、大白菜为馅。除夕夜接神时作为供品。正月初一食之，以象征全年“吃斋”。

（四）汤饺子：用白煮肉的汤，以及春天晾干并酸好的菠菜一并拌

馅，亦谓之“干菜馅”饺子。

过年包饺子历来是不分主仆，全家一齐动手，即便是有厨师的富户，亦须如此。至少是主妇亲手拌馅配调料，以示“井臼同操”。有的人家，尤其是商号，过年前就包出许多，放在院里，以大缸储存起来成为冻饺子，留着正月食用。而大年三十除夕夜的饺子却都现包现吃且有各种说辞，例如：饺子煮破了，不能说“破了”，必须说“挣了”，以取个吉利。饺子出锅，先要将第一盘供在神佛、祖先的牌位之前，才能上桌开吃。

在除夕要包所谓“凤凰饺子”：开始包饺子时，先放上两根韭菜，两头露在皮外，一头露得短些，一头露得长些，这样，外面舒出长韭菜叶，绿莹莹的像两条长长的翅膀，象征着家业、事业如凤凰之腾飞。

有些心灵手巧的妇女，把饺子包得一头尖一头圆，细细捏褶儿一线连，鼓鼓胖胖的像只小肥猪、小肥羊。当然，这也是取“丰满”之意，有的捏完饺子，还要捏个圆形的大盒子，意味着新年一切都圆圆满满、和和气气。

有的人在包饺子的时候，取一枚钱币，包在某个饺子馅里，说是谁若吃到这个饺子，谁在新的一年里就会走好运。

有的人还在饺子锅上做文章，取一节秫秸秆，从中一劈两半，用十二粒白合豆，一字排开嵌在中心，然后再将秫秸合在一起，用红线扎紧，预先供在灶王爷板上。饺子下锅时将它同时投入锅里，等饺子熟了把它也捞出来，打开红线，擘开秫秸秆，察看这十二粒豆子的“胖”（膨胀）“瘦”（未膨胀或膨胀较轻）情况，以卜断一年十二个月的水旱年成，名曰“岁卜”。

看来，人们将饺子（煮饽饽）当成新年食品不是偶然的。在老北京人的心目中，饺子是喜庆食品（如旧式结婚时，夫妻在洞房要吃“子孙饺子”），因此，它是喜庆、吉祥、欢悦的化身，人人见而乐之。“见煮饽饽都不乐”的人，在人群当中是不受欢迎的。

在老北京人的心目中，似乎饺子就是“福”的象征，也是年的象征，一年的流年大运都寄托在饺子上。饺子更是辞岁迎新的象征，随着饺子的开锅，象征新年的开始，日子像开锅的水一样沸腾、热闹、乐和，迎来的是喜庆、吉利、顺遂。

栗羊羹

栗羊羹是一种历史悠久的传统美食，采用红豆、栗子粉、糖、琼脂等原料制成，不仅是零食，还有一定滋补作用，适合在冬季进补食用。

红豆栗羊羹做法

一、原料：

红豆沙250克、琼脂粉6克、水煮栗子100克、水150克、糖30克。

二、做法：

1. 水煮栗子剥皮待用。需要注意的是，在制作时最好不要用糖炒栗子，糖炒栗子的栗肉过紧，与羊羹的口感不融合。

2. 将红豆沙和水、糖一起放入锅中搅拌均匀，小火加热待冒泡。

3. 加入琼脂粉、栗子，将二者搅拌均匀后再煮片刻，最后倒入容器中晾至常温即可。容器涂抹薄薄一层油，可方便脱模。栗羊羹无须冷藏，可直接切块食用。

玩

【立冬与骆驼】

北京拥有3000年建城史、800年建都史，用骆驼运送物资至少已有千年的历史。在过去的几百年中，骆驼和老北京人的生活有着紧密的联系。那时候北京人吃的、喝的、用的，哪样也离不开它。过去从立冬开始，北京的千家万户开始取暖，用煤量大增。煤炭在西山开凿，开凿后，煤工将其制成煤砖，并运往北京城内。煤砖要进城，阜成门是必经之路。所以，古时候又将阜成门称作“煤门”。当时，成批的煤块与煤砖被放进用柳条编制的筐内，每筐约有400斤，这些煤重重地压在驼峰上。每天清晨卯时，负责运煤的人便赶着长长的骆驼队，从阜成门一路进入北京城。骆驼脖子上的铃铛叮当作响，骆驼昂首阔步地走在北京的街头。旧时，人们称这种专门运煤的骆驼为“煤骆驼”。骆驼在这一时期的建设中，起到了很重要的作用。其形象也伴随着民族文化的融合，逐步深入北京的文化基因中。

在旧时，骆驼又有“全兽”之称，因为十二生肖中的动物，在骆驼身上都可以找到相对应的地方。骆驼身上有鼠的谨慎、牛的稳重、虎的力量、兔的温顺、龙的轩昂、蛇的机敏、马的潇洒、羊的善良、猴的灵活、鸡的勤劳、狗的忠诚、猪的老实。所以，骆驼也被看作众动物中最为吉祥的动物，骆驼之形象也是“全家福”的象征，更是坚贞不屈、一往无前、不畏艰险的象征，是游牧、狩猎文化的使者和代表。

【绒布唐骆驼】

绒布唐，老北京民俗手工艺制作世家，俗称耍货唐。起源于北方游牧民族的生活中，后随军进入北京，至少有300多年的历史，被专家誉为北京近代民间玩具的“活化石”。

绒布唐骆驼

绒布唐骆驼的制作材料主要是泥、绒布、纸等。

工序包括以下三部分：

1. 先用胶土捏出一个骆驼的形象；

2. 然后制模、制盔；

3. 最后进行装饰等主要工序。

骆驼那吃苦受累、耐饥渴的习性早早地被我们的先人选中。它能驮起一千多斤的重量，行走于山路、沙漠和平原。人们赞美讴歌骆驼，寄托了人们对具有务实、沉稳、开拓、前进等一切美好品质的“骆驼精神”的人的热情赞美，更表现了对勤劳勇敢的中华民族伟大精神的讴歌！

养

立冬时节，人们会明显感受到冷空气给身心带来的影响。

从生理方面看，由于天气变冷，人们的血压会增高，血流会变慢，所以立冬时节是心血管疾病的高发期。同时，呼吸道疾病、感冒等也是这个时节流行的疾病。除此之外，胃炎、十二指肠溃疡等肠胃疾病，也会因为寒气直接侵入胃部而频发。再有就是因为肝硬化导致的食道静脉出血等，也是立冬时节需要重点防范的疾病。

到了立冬时节，人们要警惕浓度过高的雾。因为雾气的浓度过高，就会给人带来一系列明显的副作用。雾当中有很多有害的物质，包括尘埃、病菌等，如果雾气浓到一定程度，就会对人体产生负面影响——比如咽喉炎、气管炎、结膜炎、头疼、血压高等。

所以，人们若要在立冬时节出门，就一定要佩戴口罩，保护好口鼻咽喉。同时要涂抹面霜、润唇膏，以免皮肤和嘴唇出现干裂情况。

从心理方面看，立冬时节给人们带来的心理影响也是比较明显的。我们之前说过，秋天会让人产生悲伤情绪，其实冬天也是如此。所以，立冬到了，人们更要保持一个愉悦的心情，乐观地面对冬天的寒冷。

小雪

片片互玲珑
飞扬玉漏终

说

小雪是冬季的第二个节气。

小雪节气，南方北部已处冬季。在寒冷的西北，10月份就已开始下雪。由于气温低，北方广大地区会在小雪节气以后下雪，天空阳气上升，地下阴气下降，阴阳不交，天地闭塞，所以才会出现严冬。

既然是用小雪来命名节气，那么小雪节气到来之际，最值得盼望的一件事就是下雪，哪怕不是大雪，而只是小雪也好。

这是因为“地寒未甚”，所以雪量不会太大。

“小雪不见雪，来年长工歇。”小雪节气不下雪，北方冬小麦就可能因此缺水而干旱，病虫害随之增多，影响小麦生长发育而减产。

经过了春种、夏长、秋收的忙碌，人们终于可以冬闲，开始休息一下了。

冬天由于寒冷，农作物停止了生长，所以地里没农活儿了。人们正好可以回到家里，不再急着下地干活儿，把炕烧得暖暖的，把茶沏得酽酽的，再炒一锅花生、葵花子，和亲人朋友大话丰收，享受亲情的快乐，其乐融融。

大姑娘、小媳妇们也相聚在炕头，铰剪纸、贴窗花，聊聊家长里短。

在东北，因为冬季时间长、气温低，所以人们待在家里的时间格外长，由此形成了东北人善聊的性格特点，说话的能力格外强。

东北的民间表演形式——二人转，正是在这一基础上形成的。有人说，一些少数民族的长诗、长调，也是在这一环境下形成的说唱等表演艺术和民间艺术。

冬日是农闲时期，因为秋收，农民有了物质基础，正好可以做点好吃的。所以，冬天也算是进补的季节。一方面因为气温低，体力消耗大，需要及时进行补充；另一方面，冬天进补还为春天的生发打下基础。所以，民间讲究吃一些肉类、根茎类和果实类的食物，以补充碘、铁等物质含量高的食物。

因为肉类的蛋白质、脂肪是产热营养素，可以御寒，促进血液循环，而且肉类还含有其他的营养，味美，极受人们欢迎。

根茎类食物也可以提高御寒能力，含铁量高的食物也有这种作用，而果实类食物则利于补充多种维生素和微量元素。

唱

八角鼓——《朔风吹柳絮》

朔风吹柳絮，万里雾云迷，望长空，

恰似玉龙斗太虚，白茫茫，粉饰山河瑞景奇。〔过板〕

采樵人归来报道，梅花放，这不就勾惹起，白头翁，

欲踏琼瑶〔卧牛〕寻佳句，唤童儿，收拾那斗笠狐裘，备上我的驴。

吃

艾窝窝

艾窝窝是以糯米豆沙馅为原料制成的老北京宫廷小吃，据说曾受到乾隆（也有人说慈禧）的青睐，并亲自命名。也有人说来自维吾尔语，与乾隆的宠妃香妃有关。因其用熟米粉制成，所以适宜现做现吃，极具现场感，且做法简单，易上手，让食客产生兴趣。

进入数九寒天，在北方广大地区，活动空间多为室内，正好适宜制作食物，增加生活乐趣。同时，因艾窝窝适于补中益气，健脾养胃，止虚汗，所以还有一定的药补作用。

艾窝窝通体洁白，以红山楂点缀，喜庆美观，为饮食增色。

【制作方法】

一、原料：

糯米250克、豆沙馅80克、桂花糖汁适量。

二、做法：

1. 将糯米淘洗干净后浸泡4小时以上。

2. 水与米的比例为1∶1，用微波炉专用保鲜膜盖在米碗上，并用牙签扎一些小洞。

3. 送入微波炉，高火8～10分钟。

4. 取出后加一些水，用筷子翻搅米饭。

5. 再次送入微波炉，高火3分钟后取出，用筷子朝一个方向搅动米饭，搅得米饭半碎，呈微糊状。

6. 取一小碗，用保鲜膜铺上，将糯米饭用勺子压平。

7. 加入豆沙馅，包成汤圆状小团，比汤圆个头稍大。

8. 用山楂糕制成红点做点缀。

9. 装盘上桌。

玩

【绢花工艺】

传统绢花用料十分讲究，一般选用真丝，即天然的蚕丝加工而成的绸、绢或缎、绫等为主要原材料。传统绢花的花蕊通常使用通草片。通草是一种中药，其茎秆较粗，将其晒干切片后有点像纸，但韧度比纸高很多。用通草片切细做花蕊，可以让绢花达到惟妙惟肖的程度。

买来的绫罗绸缎不能拿起来就用，还需要上浆整理。上浆的原料过去用绿豆加工成的淀粉，现今虽然也基本使用淀粉，但不强调非用绿豆粉不可。对绫罗绸缎原料上浆也有标准，不能用多，让浆黏在原料上；也不能少浆，造成原料过软。

浆料方法：先将原料在水中浸泡，浸泡时间以浸透为准。将淀粉用开水冲成均匀透明的浆状，然后使用专门的刮浆板，在拉平的原料上反复刮浆，浆后的原料要有挺括的感觉，然后将上过浆的原料烘干。

所用主要工具：镊子、窝锤、剪刀、刮板等。

镊子

窝锤

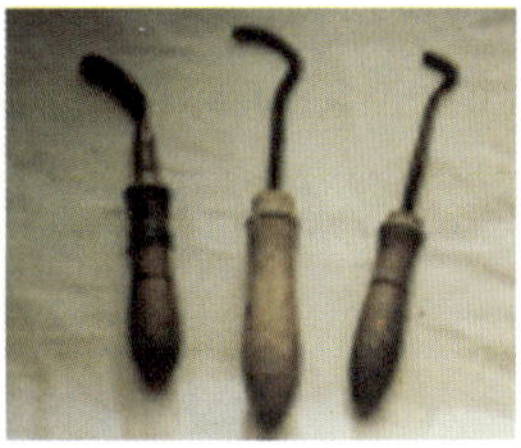

烫子

【走近绢花】

绢花技艺十分细腻精巧，但若粗略计算，主要是凿活、染色、窝形、粘活、攒活五大工序。简单说，即凿、染、窝、粘、攒，五个字便可概括全部流程。

凿活——凿之前要先制作模具，根据花卉形状大小制作多种固体模型。花形不同用不同铁模或材质的模子，模型制作要求尺寸必须准确，不能与花卉的花瓣、叶子等外形有任何差池，然后用模具压在绫罗绸缎等原料上将花瓣冲出来。最初不是使用凿的方式，而是用剪刀剪出花瓣来，称为“开瓣”。用剪刀对手工技巧要求更高一些，凿的方式则减少了难度，相对省事一些。

染色——染色是绢花制作中的关键一环，指的是给凿好的花瓣上色。在长期实践中，几代“花儿金”摸索出了一套染色绝技——首先是熬色，熬色讲究点火酒；其次是找色性，色性讲究鲜艳，得出“红头”、出“水头”、出“黑头”等；最后是调色，调色指的是颜色兑水后要看水花，看碗边挂色，落八成。另外，染色还有套色染的技巧。“染色不怕深，最怕干和愣”是“花儿金”们总结出的诀窍，而染色所用的染料通常是蓝、黄、桃红、紫粉、雪青五个基本色，其他颜色都能通过这五种色进行调配。但同一批活儿，必须颜色完全一样，这就非常吃功夫，要保证每一缸颜色都一样，非常困难，特别是配“俏色”，要掌握好，需要多年积累的经验。绢花染色一般不用油画色，只有做盆景才用油画色。

窝形——窝形就是用窝锤将凿染后的花瓣窝成花瓣的形状，不同花的花瓣弧度是不一样的，比如菊花和月季的弧度就不同。而同一朵花的花瓣弧度也是不一样的，比如月季花可以窝三四种瓣，菊花的变化则更多。在窝形工序中，还可以分为水窝瓣、模压瓣、烫搓瓣等工艺类型。具体要按照花瓣的大小和形状不同，使用不同的窝锤，将若干层花瓣放在手心中为花瓣造型。

粘活——所谓粘活，就是将窝好的花瓣粘成花朵。过去，人们常用江米制作黏合剂，这种黏合剂的效果虽然不错，但有一个弊端就是容易招虫子嗑咬，所以现在人们多改用化学黏合剂。作业时，人们需要将造型好的花瓣分成单张，并根据花朵、半开、骨朵形态的不同要求，使用黏合剂粘成花头。粘活时，要将特制的黏合板套在拇指上，黏合剂抹在板的平面上，一个个花瓣依次粘成花朵。粘活的方法分为抽瓣法、揭瓣法、打瓣法等。粘活若要做成功，需要长期摸索，是一个熟能生巧的过程。

攒活——所谓攒活就是把粘好的花头、叶子等组合成一枝完整的花、盆花或胸花。攒活这道工序看似简单，但想做好也不是一件容易的事。首先要做花茎，一般选择铁丝为原料，然后用棉纸缠在铁丝上。棉纸颜色要根据自然花茎颜色来配，才有可能乱真。要攒成一盆花，必须要了解植物的生长规律，比如植物有顶端优势，剪枝后哪个部位会开花，都需要仔细观察积累经验。

染瓣

攒活

养

小雪时节，人们一定要注意收、藏、养。也就是说，小雪到了，人们就不要在冬天过度放纵。

比如运动一定要适量，不要在户外出太多汗，不然会将体内的阳气散发出去，将外部寒冷空气吸收进来。虽然冬天锻炼非常必要，但尽量在室内锻炼，或者选择不会出太多汗的运动，这便是运动方面的收、藏、养。

食物方面，人们应当进补一些温和平补的食物，以此来增加阳气，补充气血。比如牛肉、羊肉、韭菜、萝卜都属于温补的食物。民间有“萝卜赛人参”的说法，因为萝卜不仅能清热，还能润肺。同时，萝卜中含有的维生素和各种

清　金礼嬴　寒山招隐图

微量元素对于强健人的肌体、增加抵抗力都非常有效果。另外，老辈人常说“冬天寒，宜食黍”，这里的黍说的是小米黍。小米黍对治寒有积极作用。

到了小雪时节，我们还要特别关注脚部健康。如果这一时节出现脚凉情况，那就意味着我们的血液循环不够快。所以，我们要保持双脚的温暖，通过按摩、泡脚等方式，促进脚部血液循环。

另外，小雪时节干燥，我们要注意及时补充水分，也要注意皮肤的湿度。补充温热水分，涂抹面霜能让我们应对冬天的干燥，这也对美容很有好处。

大雪

万象晓一色，皓然天地中

说

大雪是继立冬、小雪之后，冬季的第三个节气。

“燕山雪花大如席”，古幽州（今北京及周边地区）的漫天大雪，在李白的眼里铺天盖地，犹如宽大的炕席一样，占据了所有的视野空间。因为李白是南方人，很少见这么大的雪，加上诗人笔法，所以才会用这么夸张的比喻来形容。

不过，到了大雪节气，全国大部分地区已进入严冬，所以才会降大雪、暴雪。毕竟最低温度普遍在0℃以下，用“大雪”来命名冬天的第三个节气，直接反映了降水的变化特点。

大雪节气，不光下雪的程度要比小雪大，而且下雪的密度也加大，降雪天数也大幅增加。所以，大雪的含义，就是天气更冷，降雪概率更大，气温也会更低。

大雪节气为人们带来了只有此节气才特有的冬景。气候寒冷，落下的水滴已变成了雪花、雪粒，皑皑白雪覆盖了大地，洁白无瑕，辽阔无垠。

田野里的冬小麦仿佛盖上了一床棉被，正躺在暖暖的被窝里做着美梦。飘荡的大雪为孩子们提供了游戏的乐园，他们在雪地上滑跑如飞，仿佛生出了一双翅膀。他们打雪仗、堆雪人，下雪为孩子们带来无穷的乐趣。

清　佚名　弘历喜雪图轴

下雪天，空气也变得特别清新，吸一口，仿佛还带着清香。雪花纷纷落下，把弥漫在空中的灰尘、不利于健康的物质荡涤清洁，所以这样的天气真适宜走出户外，尽情享受新鲜的空气。

当然，雪天路滑，行动不便，外出还需多加小心。

大雪节气，约上三五好友，围炉小酌，来一锅涮羊肉，是最美不过的事情。羊肉味鲜低脂却又高热量，正适合冬天进补。有人开玩笑说，吃涮羊肉前穿着皮袄进来，吃完后夹着皮袄出去，没想到身上增加的热力竟有这么大！

也像小雪节气一样，大雪之际，最希望下一场大雪，应时当令。怕的是大雪不下雪，由此带来的兆头不好。俗话说“瑞雪兆丰年”，该下雪时不下雪，势必影响农作物的生长，来年产量就会减少。

大雪时节适宜进补，温补助阳，壮肾补骨，益阴益精。可以多吃富含蛋白质、维生素和易于消化的食物，如牛羊肉、鲫鱼、核桃、桂圆、山药、枸杞等。

唱

八角鼓——《冬雪皑皑》

冬雪皑皑，寒气侵怀，掩柴扉，欲往前村把故友拜，
迎面见，邻翁策杖踏雪来。〔过板〕
同携手，入茅屋，童儿吹火将酒筛，
赏梅花畅饮开怀〔卧牛〕逍遥自在，
醉醺醺，携手同观竹篱外，见鹅毛片片似剪裁，
梨花朵朵空中舞，真乃是，山川宇宙一色白。

铜锅涮肉

提起北京冬天的吃食，最有代表性的当属涮羊肉了。此时，西北风呼啸，寒气袭人，人们纷纷躲在挂着棉帘的屋内，三五成群地围坐在桌前吃着热腾腾的涮肉，那份舒坦、惬意，真是没说的。涮肉是清汤涮羊肉，基本是以涮羊肉为主，吃菜为辅。老北京火锅的配菜不如四川火锅丰富，大多只有白菜、粉丝等。如今人们涮火锅的内容多样化。首先是所涮的肉已不限于牛羊肉，猪肉、鸡肉，甚至鱼肉、海味等，也都包括进来；其次，可涮的蔬菜，菇类、笋等也丰富起来；最后是涮肉调料也丰富了。

【老北京涮肉小料和锅底】

一、原料：

葱段3～4段、姜片2～3片、海米若干。

二、做法：

1. 蘸料原材料：芝麻酱、酱豆腐、韭菜花、香油调成涮肉蘸料。

2. 锅底放上葱段、姜片和海米。

3. 火锅充分烧开后放入肉片，变色后立即捞出，以防变老，辅以可口的蔬菜。

4. 糖蒜随时食用，爽口去油腻。

玩

【大雪与皮影】

在过去，冬季往往是皮影艺人最繁忙的季节。到了大雪这个节气，天气更冷了。有一些年初的许愿需要兑现，各处人家会争相邀请他们演酬神戏。旧时很多皮影艺人都是由农户兼职的，在完成农忙后，他们也有更多的时间离开自己的土地进行演出。人们闲暇时间增多，长夜漫漫，也很适合灯下听书看戏。

【认识皮影】

皮影戏，又被称作“影子戏”“灯影戏”，是一种用纸片、兽皮、绵帛等做成人物剪影，并在灯光下进行表演的地方戏剧。传说，李夫人是汉武帝的宠妃，她有倾国倾城的美貌，且懂音律、擅舞蹈，与汉武帝非常恩爱。可是，她由于体弱缘故，在生产后没多久，便染病故去了。

去世前，汉武帝几次三番要来探望，都被李夫人以各种理由拒绝了。原来，李夫人担心自己的面容因病憔悴，会影响自己在汉武帝心中的地位，所以至死不愿与汉武帝相见。

李夫人死后，汉武帝心神恍惚，终日不理朝政。这时，一位名叫李少翁的大臣，用绵帛剪出李夫人的形象，又涂上鲜艳的色彩，在入夜时分打上烛光，请汉武帝在帐中观看。

汉武帝大喜，从此对李夫人的影像爱不释手，时常入帐观看，还命人建造了梦灵台纪念李夫人，而这个故事也被认为是皮影戏的起源。

表演时，皮影戏演员们在白色幕布后面用手和竹竿操纵影人，在音乐声中讲述各种故事。由于皮影戏方便表演且非常有趣，所以流行范围极广。时至今日，仍有很多地方有表演皮影戏的习俗。

河北、北京、辽宁、吉林、黑龙江、山东等地的皮影唱腔，其实都源于唐山滦州的乐亭影调。皮影戏也不拘演出的类型，武侠公案戏、爱情故事戏、历史演义戏、民间传说戏、神话寓言戏、时装现代戏等，都可以通过皮影戏进行演绎。

常见的皮影戏题材有《水浒传》《三国演义》《西游记》《西厢记》《白蛇传》《杨家将》《岳飞传》等，随着时代的发展，一些近现代剧及童话寓言题材也广泛出现，如《林海雪原》《红灯记》《白毛女》《龟与鹤》《东郭先生》等。

皮影制作工艺精巧，色彩造型巧夺天工，吸引了无数艺术家。在我国，很多地方戏剧都是从皮影戏中衍生出来的，而皮影戏的艺术表现手法及幕影演出理论，也对美术片及电影的发展起了先导作用。

如今，皮影已经被世界各国博物馆争相收藏，也成为我国馈赠其他国家的纪念佳品。皮影这门古老的戏剧艺术，也被国务院批准列入第一批国家级非物质文化遗产名录。

中国皮影造型主要分成三部分。

1. 北方皮影。东北又称“驴皮影”，其造型优美，色彩艳丽，雕镂精细，外简内繁。

2. 西北皮影。西北皮影多用黄牛皮制作，造型颇具观赏性。每一个形象不仅局部美，而且整体配合也美，体现了艺人们的精心构思和天才的创造能力。

3. 中南部皮影。轻雕工重彩绘，用牛皮制作。

皮影作品（作者：周树飞）

【走近皮影】

皮影戏历史源远流长，从有文字的记载看，它就已经有2000多年的历史了。而且，皮影的制作极为复杂，有许多工艺技巧。

【制皮】制皮需要先将皮子刮去毛，再刮去里皮内的肉渣，然后将皮子逐渐刮薄，直到把皮刮薄泡亮为止。刮好后撑于木架之上，阴干即成。

【画稿、镂刻】把驴皮放到图纸上面，用钢针把皮影的线条纹样描画在驴皮表面，然后用小刀在垫着蜡板的驴皮上雕刻。北方皮影雕刻结构严谨，十分讲究。雕刻以直刀为主，并根据需要采用阴刻或阳刻。

【敷彩】影人刻好后就需要着色，主要用红绿黄黑四色，根据画面需要而两面活染同样的颜色。

【发汗熨平】皮影手艺人将皮影的上色脱水和定型称作“发汗熨平”。将皮影部件包在布内，然后夹在两层烧热的土坯中间。这样可使水分充分挥发，颜色吃入皮内，使皮影颜色鲜亮，现在一般用电熨斗操作。发汗熨平后用桐油涂匀。

【缀接合成】北方皮影一般由头、胸、腰、臂、手、腿等十一部分组成。影头演出时才插入脖套。完成缀接后，在脖口和双手拴操纵杆。

养

从大雪过后，我们就要迎来一年中最冷的冬至。所以，大雪时节，我们虽然强调滋补，却不能盲目地进补。古人有言，“虚则补之，余则损之”，如果我们不能循序渐进地进补，反而会让身体造成损伤。

“虚则补之，余则损之”中，虚包括阴虚、阳虚、气虚、血虚；补则要补充水分、碳水化合物、蛋白质、无机盐等。无机盐是大雪时期需要进补的重点，因为无机盐能增强人体对寒冷的抵抗力，让人对寒冷变得不那么敏感。

无机盐存在于我们的食物中，尤其是在根类的蔬菜，如萝卜、白菜、土豆等中，都含有丰富的无机盐。所以，人们要在大雪节气多吃些萝卜、土豆等。

还有，冬天也要适当地补充钙质，来提高肌体的抵抗力、免疫力。在牛奶、豆制品中有丰富的钙，所以我们要多在大雪时节进补一些牛奶、豆腐、豆浆等。另外，在大雪时节的进补当中，我们也要特别注意维生素A、维生素B2和维生素C的补充。这三种维生素不仅可以抵寒，还可以使血流顺畅，增加血管弹性。

大雪时节可以进补些鹿茸、人参等药品，这样可以补肾阳。同时，冬天特别容易上火，从而引发便秘、痔疮、肾炎等。这时，人们应吃些去火的萝卜、莲子、松花等，缓解上火症状。

有一种名叫“三圆汤”的食物是大雪时节温补的佳品。所谓“三圆汤”，就是用枣、莲子、桂圆这三种圆形食物熬煮的汤品。这三种物质都对补气、补血、益肾有积极的作用，能让精气神达到一个增补的效果，所以人们管它叫作“三圆汤”。“三圆汤”做法很简单，用3～6颗枣，加9～15克莲子，再加6～12克桂圆，将它们放在一起熬煮，煮熟后加些蜂蜜，晾凉后食用。

除“三圆汤”外，我们还可以食用一些桂花糯米藕，糯米、藕都有安神补血的功效，在大雪时节也能达到温润补肾的功效。

冬至

至节占天意 丰登又必然

说

冬至为一年中白昼最短、黑夜最长的一天。到了冬至，一年中最冷的时候就到来了，人们也开始“数九”了。冬至与夏至正好相反，正是因为它俩的独特作用，所以成为发明二十四节气之始。

因为冬至白天最短，夏至白天最长，由此构成了二十四节气的纵轴。此后又发现了横轴——春分和秋分。两轴相交，构成上下左右四部分，成为四季。最终，每一季又分为六个节气，二十四节气始成。

冬至的至，是终极之意，指阴达到顶点，阴气上升，阳气下降，二气不和，严冬肃杀，是一年中最冷的时候。接下来，阴气开始下降而阳气开始萌生，所以最冷的时候也是转暖的开始。正所谓否极泰来。民间有“冬至一阳生，吃了冬至饭，一天长一线”的说法。为何长一线？阳生也。

正是因为冬至的这种特征，所以古人对它特别重视，传统的新年就在这一天，至少在观念上认为冬至大如年。前几年还有人提出新年应在冬至的建议。

作为一个历史悠久的节日，冬至的产生年代最早可以追溯到周朝。当时已有当日祭祀鬼神的活动。汉代将冬至定为节日，皇帝会在这一天举行

明 张宏 琳宫晴雪图

郊祭。

南宋时，冬至的节日气氛比过年还热闹，民间有“肥冬瘦年”的说法。

在民间，冬至习俗往往比官方礼仪还丰富。天、地、君、亲、师，一律都是冬至祭祀的对象。南北朝时，民间以红小豆为主食，以辟邪。

明清时期，冬至已不如新年热闹，主要习俗是祭祖、敬老、尊师等内容。

“冬至饺子夏至面”，也有的地方是冬至吃馄饨，取新年“混沌初开，万象更新，一元初始”的吉祥寓意。

在今天韩国首尔的中餐馆里，有一项主食“煮饽饽”，饽饽是满族人对饺子的叫法。而端上桌时，见到的却是馄饨，并没有汤。可见最初的饺子和馄饨可能真的差不多，只是有些细微的不同而已。

在福建，冬至的吃食有些独特，就是吃冬节丸。冬节丸以糯米粉为原料，搓成球状，用水煮食。这个做法有点像煮汤圆，也体现了“混沌初开，一元复始”的主题。

从冬至开始，民间还有画《消寒图》的习俗。以九个字为一组，每字九笔，每天画一笔，八十一天画完，冬天宣告结束，春天就到来了。

唱

八角鼓——《冬至阳生》

冬至阳生，寒气严凝，当此际，冰霜彻骨，
凛凛朔风，山阴道上足迹穷。〔过板〕
白茫茫霜华满地，瑞雪飞空，乐陶陶，
暖阁围炉〔卧牛〕高歌颂，唱的是，踏雪寻梅浩然公，
飘然兴致迥不同，庾岭千株开正盛，映寒光，含香弄影报嘉平。

吃

馄　饨

自宋代以后，我国便有了在冬至吃馄饨的习俗。宋代文人陈元靓在其所著的《岁时广记》中记载道：“京师人家，冬至多食馄饨。”清代文人富察敦崇也在《燕京岁时记》中提道：“（冬至）民间不为节，惟食馄饨而已。与夏至之食面同。故京师谚曰：‘冬至馄饨夏至面。’”时至今日，冬至吃馄饨的习俗仍在我国很多地方流行。

古往今来，关于人们为什么要在冬至吃馄饨，向来有许多说法。

一说，馄饨乃是宋人祭祖的供品，所以，它在后世流传下来，为的是让后人铭记先祖创世的功劳。馄饨的造型像鸡蛋，而鸡蛋则像混沌未开的样子。人们在冬至吃馄饨，也是为了纪念远古混沌未开时，盘古氏开天辟地的功劳。

一说，冬至是道教元始天尊的寿诞。道教认为，元始天尊象征着混沌未分、道气未显的时候，所以民间有吃馄饨的习俗。根据《燕京岁时记》记载："夫馄饨之形有如鸡卵，颇似天地混沌之象。故于冬日食之。"

实际上，"馄饨"与"混沌"谐音，所以民间将馄饨引申为打破混沌，开辟天地。而"冬至馄饨夏至面"等谚语，也只是将其看成节令饮食而已。

人们在冬至喜吃馄饨也与天象有关。古人认为，"冬至一阳生"，白昼会逐渐变长。这正对应了"吃了冬至饭，白昼长一线"的俗语。冬至是一年中阳气上升的开始，所以人们用吃馄饨的行为来象征打破混沌，以示生活越来越好。

【制作方法】

一、原料：

母鸡一只、面粉400克、肉适量、紫菜少量、盐适量、香油10毫升、葱末少许、生姜一小块、料酒10毫升、酱油10毫升、水、虾皮、香菜适量。

二、做法：

1. 面加水，和好面后，醒20分钟。

2. 母鸡洗净，与葱、姜、料酒、盐同时放入开水锅内，用瓦罐慢火焖煮，直至鸡肉脱骨，汤鲜味美。

3. 将猪肉馅搅成肉糜，加入盐、香油、葱末，然后不断搅拌，加入鸡汤。

4. 将和好的面擀成薄皮，切成梯形，将肉馅放在馄饨皮里，包成馄饨。

5. 用鸡汤煮馄饨，熟后分别盛入碗中，加入虾皮、香菜、香油后上桌食用。具有香味扑鼻、馅料鲜美、极富营养的特点，特别适合寒冬食用。

玩

【冬至与拓印《九九消寒图》】

人们“数九”是从冬至那天算起的，在冬至这天，民间有贴绘《九九消寒图》的习俗。所谓《九九消寒图》，指的就是进九以后天气阴晴的“日历表”，人们寄望于它，因为它有着预卜来年丰收的意义。

古时候，人们御寒保暖条件简陋，尤其是北方地区的劳动人民，他们对寒冷的天气有着恐惧感，也让北方人民觉得冬季格外漫长。为了在冬季进行消遣，人们便发明了贴绘《九九消寒图》“数九”等方法，以抵御自己对冬季的恐惧心理。

武强年画 九九消寒图

【认识拓印】

拓印是将石刻或木刻文字，用纸、墨拍印出来，以便保存和传播的工艺方法。

拓印是我国著名的仿印技术，其历史相当久远。但关于拓印术的起源，目前学术界还没有一个统一的说法。不过，大多数人认为拓印起源于东汉熹平年间。

拓印是将一张坚韧的薄纸事先浸湿，而后再覆盖在石碑上面，随后用刷子轻轻敲打，让纸能入字口。等纸张干燥后，人们用刷子蘸墨，让墨轻柔均匀地涂遍纸上，最后将纸揭下来，一张黑底白字的拓片就复制完成了。

【拓印的准备】

拓片、拓包、颜料、宣纸、喷壶、鬃刷、木槌。

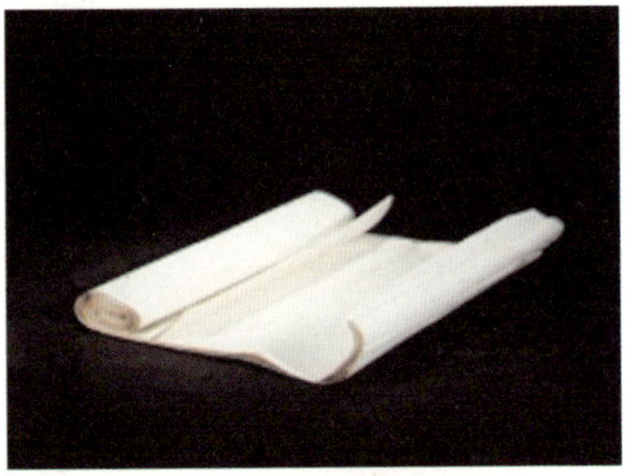

【走近拓印《九九消寒图》】

拓印《九九消寒图》是中国岁时的风俗，人们习惯用这种古老的方式来呈现与保存《九九消寒图》。从冬至那天算起，每九天为一组，只要数九个九天，即八十一天，冬天也就过去了。

步骤：

1. 将宣纸用喷壶喷水后铺在拓板上。

2. 用鬃刷对纸张进行铺扫，使纸张与拓板贴合。

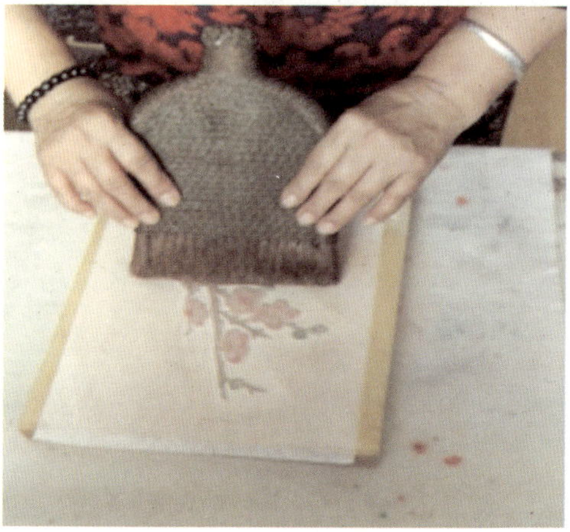

3. 用木槌对纸张进行敲打，使拓板图纹显像更加清晰。

4. 将墨汁倒入容器中。

5. 拓包轻蘸墨汁调均匀，将拓包上的颜色调整到所需深浅度。

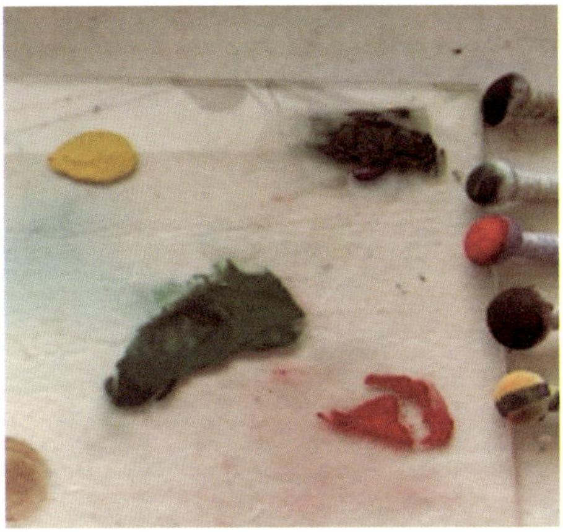

6. 拓包在拓片上轻轻拍打，使图像显现。

7. 用墨的深浅度将作品呈现出远近和不同层次的效果。

养

民间有句老话，叫“冷在三九”。这句话的意思是，冬至之后就到了一年中最冷的时候。

冬至来临，我们虽然强调滋补，但不能盲目地进补。古人有言，“虚则补之，余则损之”。如果我们不能循序渐进地进补，反而会给身体造成损伤。

冬至让人们看到了春天到来的希望，但又是冬天最冷时候的开始。不过，它也给人一种企盼，阳气从此开始慢慢上扬，阴气慢慢就往下走。

虽然这个时候阳开始萌生，但毕竟是一年中最冷的时候，这么冷的天气对我们的身心会有一些什么样的影响呢？从养生的角度，我们应该怎么来适应这个节气的变化呢？

注重起居，在冬至显得尤其必要，比如早睡晚起、保暖、室内通风等。除了这些要注意以外，在民间，冬至到来的时候，也有很多习俗，这些习俗对于人们顺利度过冬天，有很大帮助。

比如，北方人会在冬至这天吃饺子。不过，老北京人在冬至这一天更多的是吃馄饨。馄饨形状上跟饺子相似，但不完全一样，前者还带点汤汤水水。更主要的，馄饨象征着一元复始，混沌初开。

孙思邈给后人提供了一个非常著名的食疗方子，叫作“还阳枣”。相传，孙思邈有一次在外出的路上，碰见一个妇女晕倒了，他通过诊脉发现这个妇女肚子里边有特别多的蛔虫。于是，他就采取措施，帮助妇女把蛔虫打了出来。后来，孙思邈用这种“还阳枣”让她逐渐恢复了体力，又能正常生活了。

制作“还阳枣”所用的材料非常简单，包括枣子、核桃、糯米这三样。做法也简单：把枣先蒸熟，把中间的核掏出来，把核桃砸碎，和上一些面粉，再加上一点儿油，然后将核桃塞在枣里头。糯米蒸熟后拿出来，把枣包上，搓成一个圆白的糯米团子。可以蒸，也可以炸，总之做熟后就叫“还阳枣”。“还阳枣”最大的作用就是补气益血，所以它是冬至时期比较有效的温补食品。

小寒

小寒连大吕，欢鹊垒新巢

说

小寒是二十四节气中的倒数第二个节气，从这时起，气温更低，天气更冷。有时，小寒的气温往往比大寒还低。

由于小寒处于“二九”的最后几天，小寒过后就进入“三九”。冬季的小寒与夏季的小暑节气相对应。

在这寒冷的季节，保暖和补充营养很重要。由于此时刚刚进入腊月，离腊八很近，所以通过喝腊八粥，正好与此时的天气相适应，也能实现上述的目标。

农历的十二月，作为一年的总结，多种以祭祀为主的感恩活动会频繁进行。腊肉是最高贵的祭祀用品，所以在祭祀中反复出现，而十二月也因此被称为腊月。

民间还有自己的说法，认为腊八粥是为迎接新年做准备的。人们认为腊月是一年的结尾，便把五谷杂粮收集到一起，寓意吃得全才能收得全。这是在祈求人人身体健康，阖家兴旺。腊八粥包括了多种谷米，统统煮在粥里不浪费，不光爱惜粮食，还祈盼在新的一年里，各种粮米都能长得好，全面丰收。

腊八粥的重要，不仅体现在这些吉祥的寓意中，而且它更有实际的作用。在这天寒地冻的季节，一碗温热的腊八粥不仅可以增加热量，还能补充营养，提高人体抵抗力。因为各种豆类是植物蛋白的主要来源，干果中所含的蛋白质也不少，谷类中的谷氨酸也和蛋白质有相似的作用，这些都是增强体质的主要来源。

所以，腊八粥的原料并不限于八种，一般包括稻谷类的大米、江米、黑米、小米等；谷类的高粱、薏仁米等；豆类的红豆、白豆、黑豆、黄豆、绿豆、大芸豆、杂豆等；干果类的枣、核桃、栗子、花生、桂圆、葡萄干等。

如此多的食材混在一起，营养元素的种类一定不会少。一碗腊八粥包括的营养，给予了人体多方面的补充。

腊八粥熬好以后，先要敬神、敬祖先，同时搭配水果、糕点、香烛，以示敬意。然后一家人围坐在一起，共同享受劳动果实。

当然，人们还要将自家熬的腊八粥馈赠亲友、邻居，以沟通感情，同时感谢他们一年来的帮助。此外，也要拿腊八粥去喂家里的多种动物，也感谢它们的帮助。

唱

八角鼓——《数九隆冬》

数九隆冬，草木凋零，地气下降，

天气上升，万里山河似粉妆成。〔过板〕

暖阁内，才子佳人众官赏，手指着，《九九消寒图》数节令：

上点阴来下点晴，左点下雪右点风，

点尽九九〔卧牛〕黑墨墨，自然门外草青青，

忽然冬末春又来至，家家祭扫到清明。

吃

腊八粥

腊八是中国的传统节日，即农历十二月初八。

虽然古时候的祭祀日期并不确定，但腊月却是个非常重要的祭祀之月。六朝时期，人们决定以十二月初八为腊日，也就是我们今天的腊八节了。梁宗懔曾在《荆楚岁时记》中记载：“十二月八日为腊日。”老北京历来将腊八视为春节即将开始的信号，所以民谣又有歌云：“小孩小孩你别馋，过了腊八就是年，腊八粥，喝几天？哩哩啦啦二十三……”

中国有许多关于腊八粥起源的说法。比较著名的有纪念佛祖说、祭祀八神说、祭祀神农说、纪念岳飞说、朱元璋忆苦说等。其中，流传最广的当属纪念佛祖说。

传说，古印度北部有个王国名叫迦毗罗卫国，国王的儿子名叫乔达摩·悉达多。在悉达多年轻时，他就深深为人的生、老、病、死而苦恼。而且，他对婆罗门神权极其不满。于是，在悉达多29岁那年，他毅然决然地放弃了皇族的豪华生活，出家修道。

一日，悉达多来到尼连河附近，因为过度饥饿而昏倒在地。一位牧女发现了悉达多，便将身边携带的杂粮用泉水煮成粥，又加入了从森林里采集来的野果，一口一口地喂给他吃。悉达多吃了粥，感觉精神和体力都恢复了不少。他在尼连河里洗了澡，随后坐在菩提树下苦思解脱之道，终于，悉达多在十二月初八“腊八节”这天得道成佛，是为“释迦牟尼”。

腊八粥

此后，佛教徒们也将腊八节称作“成道节”，而佛寺也经常举行诵经活

动，煮粥献佛，这便是腊八粥的由来。

（一）清宫的腊八粥

根据宋代文人吴自牧的《梦粱录》记载：“十二月八日，寺院谓之腊八。大刹等寺俱设五味粥，名曰‘腊八粥’。”根据《析津志》所载：“十二月八日，禅家谓之腊八日，煮红槽粥供佛。”与佛寺一样，封建帝王也会在腊八节当日，以腊八粥赏赐文武百官。比如《燕京游览志》中有载：“十二月八日，赐百官果粥。”

1725年，雍正皇帝将北京安定门内国子监以东的府邸改名为雍和宫。每年的腊八节当天，他便会着宫人设大锅熬煮腊八粥，同时请来喇嘛与僧人诵经祈福，而后再将腊八粥赠予王公大臣们品尝。民间亦争相效仿此举，于是，腊八粥成了全国性质的应节食品。

关于清宫在雍和宫熬腊八粥的情况是这样的：

腊八粥的原料为小米、糯米、红枣、桂圆、葡萄干、核桃仁、瓜子仁等，宫人经过细心挑选后，连同熬粥的大锅一同运往雍和宫。雍和宫内用以熬煮腊八粥的两只铜锅硕大无比，每只锅可容纳1000～1500千克米。负责熬粥的10余位厨役均为身强力壮，且受过专门训练者。每到腊月初八这天，雍和宫内都会出现十分壮观的熬粥场面。除了负责熬粥的厨役和诵经的喇嘛、僧人外，其余的都是宫中派来送粥的太监。

按照清宫典制规定，第一锅腊八粥需要先送至太庙、寿皇殿及清宫、西苑内各庙宇佛堂，用以供祀先祖与神佛；第二锅粥则用包裹着黄缎套的食盒装好，送往清宫帝、后处，同时，由皇帝下令，赏赐给各妃嫔、皇子、皇孙及福晋们食用；第三锅粥需送往在京的亲王，以及各寺庙僧徒手中；第四锅粥需分给在京的文武百官及地方大臣；第五锅粥由雍和宫诵经的喇嘛、僧徒分食；第六锅粥则施舍给民间的百姓。

在腊八日喝腊八粥，代表了清朝皇帝对佛教的笃信。所以，皇帝在这一天吃粥时，会格外注重仪式感，在吃的时候也会更加虔诚。清朝道光皇帝曾作《腊八粥》一诗：“一阳初夏中大吕，谷粟为粥和豆煮。应节献佛矢心度，默祝金光济众普。盈几馨香细细浮，堆盘果蔬纷纷聚。共尝佳品达妙门，妙门色相传莲炬。童稚饱腹庆升平，还向街头击腊鼓。”此诗也是皇帝虔心敬佛的写照。

（二）王府的腊八粥

王府熬煮腊八粥虽然没有皇室那样声势浩大，但是也十分注重排场。按照王府的规制，负责熬煮腊八粥的一般是饽饽房。不过，也有亲王选择让福晋率领家仆亲自熬煮以表重视的，比如睿亲王就是如此。著名文史作家金寄水先生是睿亲王的后代，他为后世记叙了王府当年熬腊八粥的经过：

四大间殿堂生上四五个头号大白炉子。那些淘米的，剥粥果的，煮豆、枣二汤的仆妇们，按部就班，各执其役。太福晋也系上了围裙一一指点，样样过目，道道工序，事必躬亲。从腊月初三起，至腊月初七晚饭后，要乱乱哄哄地忙上五天才能把粥煮上。斯景斯情，分外热闹。

细粥，又名“全粥”。粥米计10种：莲子、芡实、菱角、薏仁、粳米、江米、大麦米、高粱米、黄米、小米。用熬成的红豇豆、小枣二汤煮以清米，耐火的先熬，易熟的后放。因粥色纯红，又不见一豆，故称“细粥”。

粥熬好后，还要放粥果。粥果计有：密云小枣（要剥皮、去核）、栗子、青梅、琐琐葡萄（白葡萄干）、糖渍樱桃和杏仁（又名大扁）、榛仁、松仁、核桃仁、瓜子仁、花生仁等。将这些白色诸仁分出一部分用红曲和胭脂染红，使摆在粥面上的诸“仁”红白相映，摆成方型图案；再加上青梅、绛枣、黄栗、朱樱，只见百果纷陈，五光十色，十分诱人。

腊八一早，将粥分别盛入细瓷小碗，撒上果料，分供于佛殿、家庙（祠堂）二处。然后，将粥及果料分成若干份，粥盛瓷罐，果摆攒盒，馈送亲友。王府喝腊八粥还要配上四样粥菜、四样点心。四样菜是山鸡丝炒甜酱黄瓜丝、山鸡丁炒粥果（核桃仁、杏仁、松仁、花生仁、琐琐葡萄）、兔肉丁炒榛子酱、香菇爆面筋；四样点心是猪肉干菠菜的提褶包子、枣泥方脯、火肉（火腿）烧饼、玫瑰黄糕。此外必送两棵腌大白菜，惯例如此。以上诸品，装入圆笼，派人专送，务必于当日午前送到。

在王府来看，熬腊八粥同样是件大事。有时，人们早在初六就已经将腊八粥熬煮完毕，但由于礼制规矩，必须得等到初八早晨撤供之后才许品尝，这样一来，腊八粥就只能加热再喝了。

（三）民间的腊八粥

根据《燕京岁时记》所载：“腊八粥者，用黄米、白米、江米、小米、菱角米、栗子、去皮枣泥等，合水煮熟，外用染红桃仁、杏仁、瓜子、花生、榛穰、松子及白糖、红糖、琐琐葡萄以作点染。”这是关于清代民间腊八粥的描述。不过，说是民间，其实能熬煮如此繁复腊八粥的人家，也一定是京城中的朱门大户。所以，后世又将腊八粥称作“细粥”。对于这样的“细粥”，普通老百姓是喝不起的，普通老百姓过腊八节则是另一番情景。

旧时，兜售粮食的米粮店每逢腊月，就会将大米、小米、江米、高粱米、小豆、绿豆、豇豆、芸豆、豌豆等掺在一起出售，称之为“杂豆米”“腊八米”。普通老百姓便将此种“杂豆米”买回家，与小枣一同熬煮，煮熟后加点红（白）糖即可食用。这种腊八粥用料不甚讲究，因此又被称作“糙粥”。

民间熬腊八粥也有约定俗成的规矩，比如绝对不准将粥熬煳，否则其家必有死丧之类的“大凶”。另外，凡在“守制（亲丧未满三年）”期间的人家，一律不熬粥。

在民间，腊八粥熬好后，人们会先盛上几碗放在供桌之上，用来敬神祀祖。祭祀完毕后，人们再从锅中盛出一些来，与亲朋友邻一同享用。以腊八粥送人一定不能太晚，尤其不能拖到中午，尽量在一大早便赠送完。

虽然腊八正逢隆冬，但一家老少围坐在小炕桌旁，一边吃着香甜温暖的腊八粥，一边说说笑笑，也算是一种难得的福分了。

腊八粥的原料往往不限八种，可多可少，往往都多于八种，而且不同地区腊八粥的用料虽有不同，但基本上都包括大米、小米、江米、高粱米、小豆、绿豆、豇豆、芸豆、豌豆、红枣、花生、莲子、枸杞、栗子、核桃仁、杏仁、桂圆、葡萄干、白果等。

【制作方法】

一、原料：

糯米100克、薏米50克、小米30克、花生米50克、核桃4个、黑芝麻20克、红枣8颗、桂圆20颗、红糖80克、桂花适量、清水适量。

二、做法：

1. 薏米先用开水泡1个小时。

2. 将所有材料放入锅内，加入适量清水，水要没过原材料。

3. 高压锅煮熟，煮好后加入红糖搅拌均匀。

4. 装碗，撒上少许桂花。

玩

鬃　人

“鬃人”是北京城所独有的民间特色传统手工艺品，自古便有“登长城，吃烤鸭，看京剧，带回盘中戏”之说。如今，“鬃人”已经获得北京市市级非物质文化遗产的认证和保护。

【认识鬃人】

数个鬃人可组成一组戏剧人物，按京剧中生、旦、净、末、丑的行当放置于铜盘上，人们只需轻轻敲打铜盘的边缘，盘中的人物便会靠猪鬃的弹力舞动起来。所以，老北京人又将鬃人称作“铜盘人”“盘中好戏”“铜茶盘子戏”等。

清末，北京鬃人曾盛行一时。其中，制作鬃人的著名艺人为王春佩、王汉卿父子。王春佩是个戏迷，他制作的鬃人穿戴扮相以及脸谱、把子，几乎和舞台上一样。尤其是“闹天宫”的鬃人作品，让人有置身在舞台前观戏的感觉。1915年，北京鬃人曾在巴拿马万国博览会上获得银质奖章。

【鬃人制作】

鬃人是一种传统民间艺术，它的头与底座皆采用胶泥脱胎，并以秫秸秆做身架，色绸（或彩纸）做外衣，并絮少许棉花。而后，手艺人按照人物故事进行脸谱的勾画、服饰的描绘。最后，在底座粘一圈约二三厘米长的猪鬃，一个生动的鬃人便制作完成了。

北京鬃人适合于表演京剧《八大锤》《三岔口》《大闹天宫》这类武生戏中手持棍、棒、刀、枪对打的场面，以及民间“花会”中的高跷、旱船、舞狮、五虎棍之类的舞蹈节目。

【鬃人原理】

鬃毛刷子是鬃人底座的材料来源，其主要依靠物理学的共振与力学原理。人们敲打铜盘时，铜盘上面的鬃人也会随之动起来。值得一提的是，鬃毛的稀疏密度会直接影响到鬃人的运动。如果鬃毛过于密集，鬃人就会显得呆滞刻板；如果鬃毛过于疏松，鬃人的身体就会无法保持平衡，甚至连站立都很困难。

图一：《虎牢关》

图二：《狮子舞》

图三：《八大锤》

图四：《美猴王》

“北京鬃人白”（提供者：白大成）

养

小寒处于隆冬时节，受冷空气影响，人体的耗能非常大。所以，大补就成为人们为了适应这种季节变化的重要养生方法。它体现在四个方面：运动，生活起居，饮食，精神层面。

首先是运动。小寒时节，我们可以在阳光充足的白天打羽毛球、郊游等。运动完，我们可以用药材、药液泡泡脚。比如，将龙骨、远志、合欢皮、炒山栀各15克，加水烧开后用于泡脚，可以提高睡眠质量。在冬天，泡脚不仅可以让脚暖和，身上也会很暖和。泡脚时间最好在15分钟到半个小时，泡到身上微微出汗就可以了。

其次是生活起居。小寒时节天气寒冷，很多人不愿意开窗。其实，小寒时节更要注重屋内的空气流通，不然就会滋生细菌，对人体造成不利影响。我们可以在冬天养养花，让花草来净化空气，娱悦身心。

再次是饮食。阳虚的人，在主食方面应以性味甘平为主。比如，面食、米，要以干粮为主，另外增加一些豆类、蔬菜，尽量少食一些肉类以及容易让人上火的鱼类。多吃蔬菜、水果，尽量种类丰富一点。能够达到性味甘平的这些食物，有一种平衡体质的作用。多吃维生素含量高的各种新鲜蔬菜、水果，也是补阳的重要方法。

我们可以适当食用一些谷类或者豆类，这对于补益胃气、治疗疾病都有非常好的作用。另外，糯米性甘，有利于健脾。小麦也能健脾胃。豆类可以清热解毒，比如绿豆清热，红小豆利尿、补气，另像黑豆还有暖肠胃的作用。

还有一些海产品，比如鱼、海参等，也是非常重要的补品。海产品有丰富的维生素和蛋白质，是很适合小寒时节进补的食物。

最后是精神层面。随着年龄的增长，人们的情绪也会发生不同变化。而情绪又对人的健康有着决定性的影响。按照寒来暑往四时的变化规律，人们对自己的身心进行适时调整。我们能发现，小寒时节人们都喜欢待在家里避寒，这时，人丁稀少的家庭就会生出一种孤独感。尤其是一些老年人，他们会在隆冬时节生出忧郁的心情。所以，晚辈一定要在冬天来临时陪伴在老人身边，让老人吃好穿好，化解老人的孤独。

清 钱维城 雪中坐冰床即景

大寒

大寒宜近火，无事莫开门

说

大寒是二十四节气中的最后一个，至此，二十四节气完成了一次轮回。

大寒是一年中最冷的时期，风大、低温，地面积雪不易融化，到处是冰天雪地、天寒地冻的严冬景象。大寒节气也往往是年根之际，旧的一年结束，新的一年开始，辞旧迎新的喜庆时刻。腊月二十三（或二十四）称“过小年”，辞旧迎新的主题在过小年前后生动地体现出来。

“糖瓜祭灶，新年来到。”腊月二十四相传是灶王爷上天述职的日子。北

小窗花　香山还愿（拂尘）

京、河南是腊月二十三，其他地方是腊月二十四，要举行送灶仪式，就是送灶王爷上天。

为什么要送灶？据说灶王爷是一家之主，记录着一家人一年里的善恶事迹。腊月二十四，他要上天去跟玉皇大帝汇报。灶王爷去汇报，就是对这家人一年情况的总结，为玉皇大帝奖或惩这一家人做参考，惩恶扬善。

按理说，一家之主应该负责一家人的吃穿生活才对，和善恶有什么关系呢？古人讲做事先做人，好人有好报，所以伦理道德强调的做人准则比吃饭穿衣还重要。

人们希望灶王爷向玉皇大帝汇报时，多说自家的好话。如果有了过错也多请灶王爷往好了解释，以免受玉皇大帝的惩罚，来年改正。

可见灶王爷的汇报，实际是对一家人的总结，而且是对道德品质的总结。人们为了让灶王爷多美言几句，还要往灶火里扔糖，表示讨好。传说灶王爷吃了蜜糖就不好多说什么了。万一想说，也因为口中有糖而封住了。

祭灶仪式体现的正是辞旧。腊月二十四，灶王爷升天以后，接下来就要热火朝天地为过年——迎新做准备。正像儿歌里唱的："二十四扫房子，二十五磨豆腐，二十六炖锅肉，二十七买只鸡……"一直至除夕，每天都有具体的内容，安排得满满的，过年的喜庆气氛是一天比一天浓。

扫房子又称扫尘（陈），把一年里的尘土打扫干净，以便彻底、干净地辞旧，更好地迎新。接下来的主要内容是为过年准备吃食。过去生活条件差，过年大吃一顿是改善生活；如今，生活好了，天天吃得像过年。过年的吃食往往都是老味道，让人感到家的温暖。

除了准备吃食，还要布置房间，贴窗花、贴春联、挂灯笼，还要为一家老小准备新衣服，图的就是新年新面貌。

过年的喜庆冲淡了严冬的寒冷，春姑娘已经渐渐向我们走来……

唱

八角鼓——《彤云密罩带〔俏东风〕》

形云罩，朔风吹，玉龙透甲垂。

策杖小桥西，见酒帘挂玉，沽酒（饮）三杯，

霎时间，枯木山林碎银培。〔过板〕

孤舟冻在银河内，渔翁罢钓转回归，忽听得，

半空中嘎的一声，乌鸦带粉难〔卧牛〕难成对，

见一位白头翁，抖擞他的老精神，策蹇寻梅，带酒归回。

吃

关东糖

关东糖因其最初起源于东北地区，此地区位于山海关之东，俗称“关东”，糖也因此得名。又因其原料低廉、制作简单而很快流行。

关东糖，又称“灶糖”“麻糖”，既是一种年节食品，又是一种祭祀灶神用的祭祀用品，通常只在小年前后才会售卖。

关东糖的主要原料是麦芽、小米，清朝末代文人富察敦崇在其所著的《燕京岁时记》中对灶糖有所记载。清代的祭灶供品中，有“关东糖”“糖饼”等物。关东糖通常为三寸长，一寸宽，呈丝条状，入口酥香，且有黏性。

【制作方法】

一、原料：

麦芽500克、小米1500克、水300克。

二、做法：

1. 大米煮熟，麦芽发酵，二者混合后，加水用火煮。

2. 经过熬制的糖叫“糖稀”，又称“糖膏”。“糖稀”的表面有一层薄膜，用挑糖棍从糖锅里将糖挑起后，糖丝呈现白色透明且不断的状态。当糖锅里不再起小白气泡时，就证明糖里没有水分了，需要及时撤火起锅。

3. 把锅里的“糖稀”舀出来后，放在容器里冷却，等到“糖稀”的温度降到80℃左右时，就可以进行“拔糖”了。

4. “拔糖”，即两人各抻着一个“糖稀”头，将糖抻到一定的长度后，一方将“糖稀”头往上一合，接着再抻拉。如此反复多次，“糖稀”就会越来越白，越来越细，最后拔出“蜂窝”，冷冻，关东糖就制作完成了。

糖葫芦

到了大寒节气，正是“数九”天气，天寒地冻，一串红红的糖葫芦正好可以给人带来一份温暖。而且，也因为气温低，糖葫芦才不会融化。

大寒正是冬天的最后一个节气，赶上腊月里的祭灶，过小年和买年货之际。此时的糖葫芦还带来了过年的喜庆气氛。

冬日里，不少朋友都喜欢这一口酸甜。糖葫芦外面的糖是甜脆的，被糖包裹的山楂酸甜可口，开胃健脾，是冬月里深受大人、孩子青睐的休闲食品。

【制作方法】

一、原料

山楂30个、白砂糖200克、水100克、熟芝麻适量。

二、做法：

1. 将山楂清洗干净，去掉坏果，将好果去核，串好串，放一边备用。

2. 糖与水的比例为2：1，称好重后，将糖与水倒入锅内，大火加热，时不时地搅动，以免煳锅。

3. 刚开锅时，糖浆是冒小泡的，这时糖的浓度比较低，需要继续加热。加热几分钟之后会出现大泡，这个时候就快制作完成了。

4. 需要不停搅动，使糖液充分冒泡。待糖浆发黄之后，再用竹签蘸取少许糖浆，放入凉水里面冷却并品尝，如果糖是硬且脆的状态，那么糖浆就熬好了。如果糖的口感发黏，则需要继续加热。

5. 串好的山楂，放到锅里面滚一下，然后放到平盘上晾凉。

操作过程中要注意几点：

1. 开大火的过程中要不停搅动，以免锅底的糖液煳了。

2. 要注意观察糖浆的颜色，稍微变色就赶紧关小火，以免熬过之后糖液变苦。拿根筷子或者竹签蘸一点儿糖尝尝看是不是硬脆的，中间多试几次，起泡充分后再开始蘸山楂。

玩

【剪纸与大寒】

大寒是二十四节气的最后一个节气，人们往往会在这时为一年中最重要的节日做好准备——做春节的剪纸。

春节，古人曾有“剪彩为幡”和“剪彩为人”的节日习俗，家家户户都会准备红红火火的剪纸装饰自己的家居。大门上贴福字、窗户上贴窗花、墙壁上贴团花、门楣上挂门笺。这既可以烘托节日祥和快乐的气氛，也寄托着对新的一年的美好祝福。

【认识剪纸】

剪纸艺术的历史应该是随着纸的出现开始的，纸的发明促进了剪纸的出现、发展、普及。剪纸是中国最古老、最流行的民间艺术之一。最初，剪纸是祭祀祖先、神灵仪式上使用的装饰品，后来随着历史的不断发展、生活的不断改变，剪纸的使用范围越来越广泛。后来，剪纸内容和表现手法都有了巨大的变化和创新，剪纸作品更加注重形式，体现了以装饰为主的特征，有春节使用的窗花、挂笺；有结婚使用的喜花；有祝福长辈长寿的祝寿花；有装饰家居的墙壁花；有贴在花灯上的灯花；有绣花使用的刺绣花；还有蓝印花布、皮影等。

剪纸艺术有着独特的魅力，故而在中国民间艺术长廊中历久弥新。时至今日，剪纸图案作为民族传统符号，装饰在服装上、包装上、邮票上、舞台上，剪纸艺术也早已走出国门，成为一张亮丽的中国文化名片，得到全世界人们的喜爱。

【走近剪纸】

现代生活中，剪纸应用的领域更加广泛，表现的形式和内容更加丰富。古

代剪纸艺术主要应用于民俗活动中，而我们现在的生活当中，剪纸艺术已随处可见。

这里我们教大家学习剪团花——“连年有余”。团花是中国剪纸中很有代表性的一种形式，团花包含莲花和金鱼，所以取名“连年有余”。团花是圆形的，寓意一家人团团圆圆，也祈福新的一年里事事圆满。

准备材料

剪刀、红纸（大于40cm×40cm）、铅笔、橡皮、复印好的纹样（纹样如图，纵向尺寸长度小于20cm）、订书机（钉）。

制作流程

1.折纸

将40cm×40cm的正方形红纸折叠成八等分，方法如下图：

2.画图

方法一：在折叠好的红纸上画出莲花局部和金鱼的图案。如下图，剪掉的部分用订书机均匀订上几点，保证剪制过程中不错位。

方法二：将复印好的莲花局部和金鱼的剪纸纹样贴在折叠成八等分的红纸上（注意纹样长度尺寸小于20cm），纹样和折叠好的红纸对齐，保证纹样在红纸范围内，然后用订书机订好，如下图：

3.剪制

从团花的中心开始剪，顺序依次是：莲花、金鱼身体、金鱼尾巴、金鱼身体两侧，最后剪边缘。如下图所示：

4.整理

剪制完成后要检查一下，剪得不太好的地方要修剪，直到满意为止。

5.完成

检查满意后，把剪完的八等分的折叠剪纸轻轻打开。有折痕的地方用手轻按压，使作品平整。

这样，一幅八等分的团花剪纸作品“连年有余”就完成了。

养

民间谚语说：“小寒大寒，冷成一团。”这说明小寒、大寒两个节气是一年中最冷的节气。“三九”一般是在大寒节气前后，所以大寒要比小寒更加寒冷。

在《黄帝内经·灵枢·本神》中，有一段话叫“智者之养生也，必顺四时而适寒暑，和喜怒而安居处，节阴阳而调刚柔，如是则僻邪不至，长生久视”。这段话其实告诉了我们，聪明人应该如何养生。

相比食补，聪明人更注重精神层面的养生。养生的关键在于养神，情绪对人的健康有着决定性的影响。同时，按照寒来暑往的变化规律，我们要对自己的身心进行调整，让自己的情绪处于一种平和的状态。俗话说“过刚易折”，可人的性格也不能太柔，否则容易出问题。最好的状态是调整阴阳、刚柔的平衡，用平稳的情绪过生活。

除了情绪外，适宜的居所也是非常重要的，尤其是我们所处的自然环境和社交环境。比如，在生活节奏快、压力大的环境中要注意锻炼、饮食，调整心态，这样才能享受健康美好的人生。

后　记

《节令之美：中国人的节日与节气》一书终于付梓了。这本书从最初酝酿，到结构大体成型，再到校稿成书，前后已历经了一个二十四节气的轮回。

2016年11月30日，“二十四节气”被正式列入联合国教科文组织人类非物质文化遗产代表作名录。我所在的芳草地国际学校教育辅助中心（以下简称“中心”）敏锐地捕捉到这一教育契机，利用已有的“非遗”项目资源，尝试围绕“二十四节气”开展专项特色教育实践活动。2018年，我们与北京市民俗学会高巍会长结缘，并在高老师的指导下，进一步探索以“二十四节气”为教育载体的主题实践活动，并在2019年逐步形成体系，得以完善，最终在今天结集成书。

今日之成书，得益于高巍老师的慧眼独具的选题、高屋建瓴的把握和亲力亲为的指导；得益于参与著述的全体“非遗”教师倾尽全力的智慧付出和独家技艺的无私奉献；得益于中心八年来凝心聚力开展“非遗教育”的不断积累；得益于红螺食品集团公司领导的鼎力相助；得益于上级领导一直以来的大力支持和帮助；更得益于中国工人出版社葛忠雨主任和李骁编辑的付出与支持，在此一并表示感谢！

希望这本书的出版能为我们探索在新时期如何将“农耕文明”优秀成果加以运用与转化提供一些借鉴，抛砖引玉之，为企盼得到大家的包容与认可。既然是新的尝试，其中自然会有很多不足之处，也诚恳地期待各位专家和读者给予无私的批评和建议。

书稿既成，并非结束，自当是新的开始，我们必将更加努力！

是为后记。

郝卫民

2020年5月28日于天坛南

大雪

寒露

立秋

冬至

霜降

处暑

小寒

立冬

白露

大寒

小雪

秋分

二十四节气剪纸（提供者：付秀清）

本书编委会

主　编：高　巍　郝卫民

副主编：范　均

编委会成员（按姓氏笔画排序）：

王凤兰　王　钢　王　佳　王朝晖　尹　路　马海捷
马洪松　白　霖　付秀清　冯慧芸　刘　淙　米灵珠
李　晶　吴兰春　李旻晔　张国良　张　红　张曙光
周树飞　金铁铃　赵　艳　杨玉栋　邱贻生　张忠强
郭村意　梁季兰　曹玉水　蔡志伟